Helie) episcopus honoretur, habeat honoris consequentiam, salva metropoli propria dignitate, ebda. VII p. 117] 34 (*zur Wiedergabe des Ind. durch Konj., wonach die Feststellung im Lat. im Ahd. als eine Empfehlung erscheint u. auch die vorausgehende Gl.* geriche *optineat Einfluß ausgeübt haben könnte, vgl. Blum, Canonesgl. S. 57*). geriche [*quod si secus contra definita factum fuerit, nullas ordinatio vires habeat, si vero iuxta definitam regulam fiat, et nonnulli pro contentione propria contradicant,*] *obtineat* (*custodiat*) [*sententia plurimorum, Conc. Ant. XCVII p. 127*] 147,12 (*nach Blum a. a. O. hat das lat. Interpretament custodiat die ahd. Wortwahl nicht beeinflußt*). so lex membrorum gerichet . unde si menniscen geziehet in peccatum . so ist er captiuus Np 84,2. non ergo regnet peccatvm in vestro mortali corpore . ad obędiendvm desideriis eivs (sunda negeriche nieht in iuuuermo todigin lichamen zegeuuichenne sinen gelusten) Npgl 75,4.

? **rîhhen**[1] *sw. v.* (*urspr. denominale Bildung? anders Splett, Ahd. Wb. I,2,748 u. Gl.-Wortsch. 7,403 s. v.* rîhhan *st. v.; auch der Ansatz eines* ên-*Verbs ist nicht auszuschließen*); *an.* rikja. – *Graff II,386 s. v.* ?rîchan *st. v.*

rihhendi: *part. prs.* Gl 1,239,16 (*K*); **rihenti:** *dass.* ebda. (*Ra*).

herrschen, substant. (?): cuninc rihtari rihhendi *rex rector regnator.*

gi-**rîhhen** *sw. v., mhd.* gerîchen. – *Graff II,387.*

ki-rihhames: *1. pl. imp.* Gl 2,308,38 (*Rb; anders Gl.-Wortsch. 7,360 s. v.* girehhan *st. v.; s.* 2); **ka-rich-:** *1. pl. conj.* **-em** H 8,5,4. 23,3,2. 4,4 (*mit Graff a. a. O. ist auch eine Zuordnung zu* girîhhan *st. v. nicht auszuschließen*); **ki-:** *3. sg. conj.* **-e** Gl 2,592,2; *part. prs. dat. sg. m.* **-ante** H 22,3,1 (*mit Graff a. a. O. ist auch eine Zuordnung zu* girîhhan *st. v. nicht auszuschließen*); **ka-rih-:** *3. sg. conj. prt.* **-ti** 4,3,3; **ke-:** *part. prt. dat. sg. m. n.* **-temo** 26,7,1; **ki-rihche:** *3. sg. conj.* S 257,10 (*B*).

girihhu T 122,2 *s.* girehhan *st. v.*

1) *jmdn./etw. überwinden, besiegen:*

a) *mit Akk. d. Pers., bei persönl. Subj.:* karichem heri fiant abanstigan *vincamus hostem invidum* H 23,4,4 (*zum Nebeneinander von* heri *u.* fiant *für hostis vgl. Sievers z. St. u. Firchow, Hymn. S. XLVIIf.*);

b) *mit abstr. Akk.:*

α) *bei persönl. Subj.:* karichem in kuate ubil *vincamus in bono malum* H 8,5,4. 23,3,2. thu kerihtemo ubaruunnomo todes angin intat*i* calaupentem richi himilo *tu devicto mortis aculeo aperuisti credentibus regna caelorum* 26,7,1 (ubaruunnomo *als Randgl.; zur doppelten Glossierung von devicto vgl. Firchow, Hymn. S. XVI*); – *hierher vielleicht auch, substant. in Wiedergabe einer lat. Abl.-Abs.-Konstr.:* egisin kirichante ueeralti ... lip saligan pisizzant *terrore victo saeculi ... vitam beatam possident* H 22,3,1 (*aktivische Wiedergabe der lat. Passiv-Konstr. (?); nach Firchow, Hymn. S. XLVI dagegen vielleicht Part. Praes. zu urspr. zugrundeliegendem victores, das später in victo gebessert worden sein soll; Graff II,387 erwägt für* kirichante *urspr. lat. vincentes, „wenn* egison *... stände", d. h. ein Akk.-Obj. vorläge; noch anders Siewerts S. 389*);

β) *bei abstr. Subj.:* daz plinta naht karihti auuartraganti uuidarfuarinti auur sunna tak *quod caecam noctem vicerit revectans rursus sol diem* H 4,3,3;

γ) *Glosse:* kiriche [*ipse excellentibus armas artibus ingenium, quibus ... tibi dimicet, et tibi*] *vincat* (*Glosse: tibi fert anima, vgl. O'Sullivan S. 170*) [*Prud., Psych. 17*] Gl 2,592,2.

2) *einen Anspruch an etw. durchsetzen* (?)*:* kirihhames *vindicemus* (*-e- aus Korr. von -i-*) [*moribus dignitatem nostram, Greg., Hom. I,8 p. 1463*] Gl 2,308,38 (*laut Fiedrowitz, Greg. 1,147 '(im Lebenswandel seine Würde) bewahren'; im Gl.-Wortsch. 7,360 s. v.* girehhan *'zum Recht verhelfen'*); *hierher vielleicht auch, in verderbter Konstr.:* das einer eocouuelicher (*der Mönche während der Fastenzeit*) ubar mez imv kirihche edesvvaz ... prinke cote *ut unusquisque super mensuram sibi vindicet* (*verderbt aus indictam, vgl. Linderbauer S. 69*) *aliquid ... offerat deo* S 257,10 (*statt urspr. „super mensuram sibi indictam" 'über das ihm auferlegte Maß hinaus' wurde das daraus umgeformte „super mensuram sibi vindicet" wohl im Sinne von 'er beansprucht (etwas) über das Maß hinaus für sich' glossiert; das eigentlich zu offerre gehörende aliquid könnte dann Obj. von sibi vindicare sein; zur verderbten Überlieferung von indicare als vindicare vgl. noch* girachi *vindicasti* (*statt indicasti*) Gl 1,412,17 *s. v.* girehhan *st. v.; Masser, Komm. Ben.reg. S. 220 nimmt dagegen* girîhhan *st. v. in der Bed. 'auferlegen' an; das Subst. vindicta ist in der Benediktinerregel mit* rihtî *u.* girihtî *glossiert*); *oder beruhen beide Belege auf einer Verwechslung von vindicare mit vincere u. sind zu 1 zu stellen?*

Vgl. girîhhên.

rîhhen[2] *sw. v., mhd.* rîchen, *nhd.* (*älter*) reichen; *mnd.* rîken, *mnl.* ri(j)ken; *an.* ríkja. – *Graff II,387.*

rich-: *3. sg.* **-et** NpNpw Cant. Annae 7 (Np -î-).

Verstümmelt: ^**chet:** *3. sg.* Np Cant. Annae 7 (*Hs.* W^2 = *vgl.* K.-T. 10,546a,8/9).

jmdn. reich machen, mit Akk. d. Pers.: ter fater herro tuot sinen sun armen . unde richet unsih *dominus pauperem facit et ditat.*

Vgl. rîhhên.

rîhhên *sw. v., mhd.* rîchen, *nhd.* (*älter*) reichen; *mnd.* rîken, *mnl.* ri(j)ken; *afries.* rīkia. – *Graff II,387 s. v.* rîchjan.

Alle Belege M, 10.–11. Jh.

rihhan: *inf.* Gl 2,130,48 (*2 Hss.*); **richan:** *dass.* ebda. (*2 Hss.*); *zu -a- für ê vgl. Braune, Ahd. Gr.*[15] *§ 368 u. Anm. 1a.*

(*durch Zinsnahme*) *reich werden:* richan [*ne hoc quoque praetereundum duximus, quosdam ... faenore velle*] *ditescere* [*Decr. Leon. III p. 223*] (*1 Hs.* girîhhên).

gi-**rîhhên** *sw. v., mhd.* gerîchen. – *Graff II,387 s. v.* garîchjan.

gi-richan: *inf.* Gl 2,130,49 (*M, Wien 361, Hs. 12. Jh.*); *zu -a- für ê vgl. Braune, Ahd. Gr.*[15] *§ 368 u. Anm. 1a.*

(*durch Zinsnahme*) *reich werden:* girichan [*ne hoc quoque praetereundum duximus, quosdam ... faenore velle*] *ditescere* [*Decr. Leon. III p. 223*] (*4 Hss.* rîhhên).

Vgl. girîhhen.

rîhhi *adj., mhd.* rîch(e), *nhd.* reich; *as.* rīki, *mnd.* rîke, *mnl.* rike, rijc; *afries.* rīk(e); *ae.* ríce; *an.* ríkr; *got.* reikeis. – *Graff II,387 ff.*

riihher: *nom. sg. m.* Gl 1,258,21 (*R*); **rihh-** (*in* N -î-, *wenn nicht anders angegeben*): *dass.* **-er** 2,116,29 (*M, 3 Hss.*). 4,330,23 (*fragm. S. Emm., Hs. 9. Jh.*); *nom. pl. m.* **-e** 1,201,37 (*K*); *dat. pl.* **-un** 2,462,3 (*2 Hss., in 1 Hs.* -n *auf Rasur*); **-en** 4,54,38 (*Sal. a*); *acc. pl. f.* **-o** 1,685,16 (*M,*

3 Hss.); **-a** 17 (*M, 3 Hss.*; *zu* -a *statt* -o *vgl. Schatz, Abair. Gr. § 119d*). – **rich-:** *Grdf.* **-i** O 2,12,61. 4,7,70. 5,19,59; **-e** Gl 2,116,29 (*M*). Nb 14,1. 64,9. 82,9. 88,20. 141,8. 142,3. 144,27. 268,9 [11,18. 54,1. 71,5. 76,26/27. 120,2. 120,22. 123,3. 209,3]. NpNpw 9,Diaps. 14 (= Npw 9,39). 39,18. 48,18. 111,3. Np 72,13. Npw 108,16; *nom. sg. m.* **-er** Gl 4,106,34 (*Sal. a1*). 164,20 (*Sal. c*). NpNpw 48,3; **-o** Gl 2,381,22 (*Antwerpen 126, 9. Jh.*). O 1,17,36. 2,22,15. 5,20,13. Os 29. NpglNpw 48,10. Np 72,7. Npgl 72,10. Npw 48,12. 18; *nom. sg. f.* **-u** O 2,14,60; **-a** Nc 700,9 [15,2]; *dat. sg. m.* **-emo** O 3,3,27; **-en** 5,19,49. NpglNpw 48,11; *acc. sg. m.* **-an** O 3,3,13; **-en** Nb 175,1 [147,13]; *acc. sg. f.* **-a** Np 23,4; **-e** Gl 1,685,17 (*M, 3 Hss.; oder Grdf., s.* 1aα). Npw 23,4; **-un** O 1,3,31; *nom. pl. m.* **-e** 27,8. 28,12 (c *vor* h *übergeschr., V*). 2,16,31. 5,16,29. 19,53. Nb 130,4 [112,5]. NpNpw 9,10. 33,11. 44,13. 123,5. Npgl 81,3; **-un** O 1,27,9. 4,35,21; **-en** Np 75,6; *nom. pl. f.* **-e** O 5,23,70 (*zu reimbedingtem* -e *statt* -o *vgl. Kelle 2,285*); *gen. pl.* **-on** Nb 143,21 [122,2] (-o-); *dat. pl.* **-on** W 89,3 [165,21]; **-en** Gl 4,54,39 (*Sal. a; 2 Hss.*). O 3,10,22; **-an** Gl 4,54,39 (*Sal. a*); *acc. pl. m.* **-e** O 1,7,15. 4,7,82. NpNpw 9,Diaps. 8 (= Npw 9,31). 13,6. 33,10. 40,2 (Np -i-; -c- *aus* g *rad. u. verbessert*). Np 11,8. 64,10; **-en** Nb 22,17. 143,19 [18,14. 121,30]. NpNpw Cant. Mariae 53; *comp. nom. sg. m.* **-ero** Nc 756,22 [72,12]; **-oro** Gl 4,13,14 (*Jc*); *comp. nom. sg. f.?* **-era** 2,367,1. 2; *superl. nom. sg. m.* **-esto** Nb 141,10 [120,4]; *nom. sg. n.* **-iste** S 154,57. – **rih-:** *Grdf.* **-i** Gl 1,201,37 (*Ra*); *nom. sg. n.* **-az** 2,748,35; *acc. sg. m.* **-en** 164,44 (*clm 6277, Hs. 9. Jh.; vor* rihen *ein langer senkrechter Strich, Steinm.*); *comp. nom. sg. m.* **-ora** 661,33 (*zu* -a *statt* -o *vgl. Braune, Ahd. Gr.*[15] *§ 262 Anm. 2*). – **rihchan:** *acc. sg. m.* S 399 (*Wider den Teufel*). – **rike:** *Grdf.* S 95,23; **rhike:** *dass.* 31 (*beide Georgsl.*).

Verschrieben (?): **reche:** *Grdf.?* Gl 3,381,63 (*Jd; oder nom. sg. m. sw. flekt. mit Abschwächung von* -o *zu* e*?*).

Verstümmelt: **r . haz:** *nom. sg. n.* Nievergelt, Glossierung S. 250,164 (-az *unsicher; zu* Gl 2,748,35).

rihher Gl 1,245,19 (*K*) *s.* rîhhi *st. n.*

1) *mit großer Machtfülle ausgestattet, hochangesehen u. vermögend:*

a) *bei Hervortretens des Aspekts der Macht:*

α) *im weltlichen Bereich:* rihhe mahtike uueralti *Libani potentes saeculi* Gl 1,201,37 (*zur möglichen Glossengrundlage cedri Libani u. zur Übers. ausgehend vom lat. Interpretament potentes vgl. Splett, Stud. S. 37 Anm. 177 u. 281*). riihher *tirannus* 258,21 (uuuotanherz *KRa*). rihho [*ira magna ego irascor super gentes*] *opulentas* (*in 1 Hs.* -a- *aus* e *korr., in 1* -us) [*Zach. 1,15*] 685,16. rihen [*ceterorum ... comparationi se praeferens, quia plus cunctis poterat,*] *magnum* [*se prae omnibus aestimabat, Greg., Cura 2,6 p. 21*] 2,164,44. rihher [*adest quoque in praesenti ...*] *magnificus* [*Liberius vir nobilissimus atque veracissimus, ders., Dial. 4,53 p. 461*] 4,330,23 (*nach Schulte S. 912 f. 'vortrefflich'*). beghont ez dher rike man file ahrte (harte *Steinm.*) zurenen (zurenan *Steinm.*) S 95,23. 31. fona hohsedale zistiaz er thie riche, gisidalt er in himile thie otmuatige [*vgl. deposuit potentes de sede et exaltavit humiles, Luc. 1,52*] O 1,7,15. tho santun ... thie richun lantwaltun, selbun ouh thie furiston joh thie wisoston ... irfragen, wer er (*Johannes*) wari [*vgl. miserunt Iudaei ... sacerdotes et levitas ad eum, Joh. 1,19*] 27,9. nist man nihein so richi, ther stige in himilrichi 2,12,61. Salomon ther richo ni watta sih gilicho 22,15. wio fuar ein man richi in ander kuningrichi 4,7,70. gisazt er sie (*seine Verwalter*) tho scono ubar burgi sino, gidetu er se filu riche, thaz in thaz thionost liche 82. lostun nan (*Jesu Leichnam*) tho thanana thie zuene richun thegana (*Joseph u. Nicodemus*) 35,21. ni wari thu so richi ubar woroltrichi, thoh thu es thar (*d. h. dich am Tag des Jüngsten Gerichts als Sünder der Strafe zu entziehen*) beginnes 5,19,59 (*z. St. vgl. Erdm. S. 476*). ther selbo kuning (*sc. Sohn Gottes*) richo sizzit guallicho 20,13. Petrus ther richo lono iu es blidlicho Os 29. taz ist tero chuningo geuualt . ter ofto die richen insezzet Nb 22,17 [18,14]. daz (*sc.* unehtig uuazzer) sint sunda . die substantiam nehabent nube inopiam fone demo (Npw den) sie (*sc. die Verfolger?*) riche uuolton uuerden . unde aber arm uuorden sint [*vgl. quae est aqua sine substantia, nisi aqua peccatorum sine substantia? peccata enim non habent substantiam, inopiam habent, Aug., En.*] NpNpw 123,5 (*zu* armuoti *st. n. als möglicher mitgedachter Entsprechung von inopia vgl.* Nb 287,23). principes superbos (die fursten ubermuote) unde *diuites* (riche) uuordene umbe sih selben . neuuanent uuesen rehte . nube Christum uuordenen umbe iuh niderren unde eccheroden ahtont rehten Npgl 81,3; *hierher wohl auch:* rihora, *am Rande noch* vuirdigora [*Lausus, ... dignus patriis qui*] *laetior* [*esset imperiis et cui pater haud Mezentius esset, Verg., A. VII,653*] Gl 2,661,33 (*vgl. dignus qui haberet imperatorem potius, quam exulem patrem, Serv.; ist* rihora *auf lat. potius zu beziehen (?); im Gl.-Wortsch. 7,404 wird neben laetus noch dignus als Bezugswort aufgeführt u. die Bed. 'glücklich' angegeben*); – *ferner:* O 3,3,13. 27. 5,19,49. Nb 14,1 [11,18];

β) *im religiösen Bereich: mit (göttlicher) Machtfülle ausgestattet, herrlich (von Christus u. Maria):* nu vuillih bidan den rihchan Crist the mannelihches chenist ist S 399. ih meinu sancta Mariun, kuningin thia richun O 1,3,31;

b) *bei Hervortreten des Aspekts des Reichtums:*

α) *im weltlichen Bereich: begütert, vermögend, materiell abgesichert, reich (und glücklich):* rihher [*in his regionibus, et urbibus ..., in quibus felix, et*] *beatus* [*Augustus rempublicam gubernat, Conc. Sard. IX p. 139*] Gl 2,116,29 (*zu beatus 'reich, vermögend' vgl. Thes. II,1917,31 ff.; oder zu* 1aα). richo [*terrenis opibus cum*] *dives* [*gaudet iniquus, veris se miserum nescit egere bonis, Prosp., Epigr. 78,1*] 381,22. ter neuuirt niomer riche . ter sorgendo . unde suftondo . sih armen ahtot *numquam dives agit . qui trepidus . gemens . credit se egentem* Nb 64,9 [54,1]. sumelicher ist riche . unde ist aber unedele *huic census exuberat . sed est pudori degener sanguis* [*vgl. patrimonium ubertim affluit, Rem.*] 82,9 [71,5] (*zu lat. census vgl. noch hic ... pro divitiis et omni substantia, vgl. K.-T. 1A,64*). ter man nehabet neheinen geuualt riche zesinne . imo neunne is tiu fortuna 88,20 [76,26/27]. tero sumeliche ringent . taz sie riche uuerden . uuanda sie daz ahtont allero bezesta . daz in niehtes turft nesi *quorum quidem alii credentes . summum bonum esse nihilo indigere . elaborant ut divitiis affluant* 130,4 [112,5]. nu ze erest sage du mir . du mittundes riche uuare . to du richesto uuare . geskah tir ieht angestliches fone iomannes sculden daz tin muot irti? *primum igitur te ipsum interrogo . qui paulo ante divitiis affluebas: inter illas abundatissimas opes . numquamne confundit animum tuum anxietas concepta ex qualibet iniuria?* 141,8. 10 [120,2. 4]. nemag tie richen nieht hungeren noh tursten na? *num enim divites esurire non possunt?* 143,19 [121,30]. ioh ter frecho man . samo riche uuortener . samoso imo zuorinne daz cold . sinen scaz tes imo niomer follun nedunchet . kehuofoe *quamvis avarus dives fluente gurgite auri . cogat non expleturas opes* 144,27 [123,3]. diu ist tiu uuara salda . diu den man duot richen . mahtigen . eruuirdigen . geuuahtlichen . frouuen *ea vera est et perfecta felicitas . quae perficiat sufficientem potentem . reverendum . celebrem . laetumque* 175,1 [147,13]. daz iro (*der Weisen*) nehein so gerno neist ihselig . unde arm . unde fersihtig . so gerno er heime ist riche . unde geeret . unde mahtig . unde in allen gerechen *neque enim sapientum quisquam . exul . inops . ignominiosusque . esse malit potius . quam pollens opibus . honore reverendus . potentia validus . in sua permanens urbe florere* 268,9 [209,3]. ter (*sc. Pluto*) uuas richero danne der bruoder (*sc. Neptun*) . unde gechister fone atehaftemo guuunne dero gebornon *qui quidem multo ditior fratre . et semper eorum quae gignuntur conquisitionibus opulentus* Nc 756,22 [72,12]. tie er (*der Antichrist*) riche getan habet . mit tien sizzet er tougeno in uaron *sedet in insidiis cum divitibus in ocultis* [*vgl. quibus divitibus, nisi eis quos huius saeculi muneribus cumulabit? Aug., En.*] NpNpw 9,Diaps. 8 (= Npw 9,31). riche uuurden durftige . unde hungerge . uuanda in nedunchet niemer follun . des sie habent *divites eguerunt et esurierunt* 33,11. din analiute (Npw antluzze) flehont alle die riche sint . des chomenten folchis *vultum tuum deprecabuntur omnes divites plebis* 44,13. kehorent sament richer unde armer daz chit superbi et humiles *in unum dives et pauper* 48,3. der richo roubot . unde neuuile daz is sar ieman geturre geuuanen [*vgl. dives abundans rebus tantis, quare diripit res alienas? Aug., En.*] Np 72,7. ih pin guoter arm . der ubelo ist riche 13. er (*Jesus*) saget in (*dem Volk*) uuieo diues purpuratus (der gepurperoto richo) uuard sepultus (pegrabin) in inferno (in hello) Npgl 72,10. uuare der richo da (*in der Grabstätte*) geseldot, so nebrunne er ze hello Npw 48,12 (Np *dives*, Npgl richolf); *ferner:* Nb 142,3 (*plenus opibus*) [120,22]. 143,21 [122,2]. NpNpw 48,18. Cant. Mariae 53 (*beide dives*). NpglNpw 48,10. 11 (*beide dives*). Np 75,6 (*vir divitiarum*). Npw 48,18 (Np *dives*); – *substant. in den* (*meist pluralischen*) *Verbindungen* arm joh rîhhi/scalc joh rîhhi *jedermann* (*vgl.* arm III 1β, *Ahd. Wb. 1,648*): gab armer joh ther richo antwurti gilicho O 1,17,36. alle thie furistun joh thie jungistun, arme joh riche giangun imo al giliche 27,8, *ähnl.* 5,16,29. ja hilfist thu ... thesen liutin allen, richen joh armen 3,10,22. skalka joh thie riche thie gent thar al giliche 19,53;

β) *im religiösen Bereich: glückselig im Himmelreich, über alle Nöte des irdischen Daseins erhaben* (*von den Gläubigen*): sie (*die auf Erden Not leiden*) werdent filu riche in themo hohen himilriche [*vgl. beati, qui persecutionem patiuntur propter iustitiam, quoniam ipsorum est regnum caelorum, Matth. 5,10*] O 2,16,31. truhten ist zufluht dero armon . die gerno hier arm sint . daz sie hina sin riche *factus est dominus refugium pauperum* NpNpw 9,10. der propheta ... der Christum fernimet darumbe durftigen unde armen uuortenen . daz er unsih riche getuoe 40,2. fone diu ist er (*der Gottesfürchtige*) riche . uuanda sin reht uueret iemer 111,3. du (*Gott*) ... tate sie (*die Menschen*) riche in maniga uuis *ebriasti eam* (*terram*) . *multiplicasti ditare eam* Np 64,10. er (*Judas mit seinen Vorfahren*) ahta den armen mennisgen, den petelare, daz got uuas in unseremo teile: in sinemo (*Teil*) was er riche [*vgl. mendicus de nostro, dives de suo, Cass.*] Npw 108,16; – *ferner:* O 5,23,70. NpNpw 9,Diaps. 14 (= Npw 9,39). 11,8. 13,6. 33,10. 39,18.

2) (*über*)*reich* (*an etw.*), (*mit Gen. d. Sache/abstr. Gen.*):

a) *von Menschen:* richera ist [*homo enim ab animali*] *plus habet* [*rationale et mortale, Porph., Isag. p. 125*] Gl 2,367,2 (*vgl.* Gl 2,367,1 *in ders. Hs.*). sus keufota diernun (*sc. Psyche*) . unde sus richa . unde gezierta mit himelisken gebon *his igitur Pysichen opimam superisque ditatam muneribus . atque multa caelestium collatione decoratam* Nc 700,9 [15,2]; – *hierher vielleicht auch:* wir unsih muazin samanon zen gotes drutthegahon, mit werkon filu riche zi themo hohen himilriche O 1,28,12 (*zum Bezug des Adj. vgl. Erdm., Syntax 2,75 u. Ausg. Piper z. St.*);

b) *von Sachlichem:* rihaz [*cum* (*Martinus*) *itidem templum*] *opulentissimum* [*superstitione religionis voluisset evertere, Sulp. Sev., Mart. 14 p. 124,7*] Gl 2,748,35. in dero hello ... daz richiste trisehus alles unwunnes S 154,57. quedet ir (*Juden*) ..., thaz si zi Hierosolimu stat filu richu zi thiu (*zum Beten*) gilumpflichu [*vgl. vos dicitis, quod Hierosolymis est locus, ubi adorare oportet, Joh. 4,19*] O 2,14,60;

c) *von Abstraktem:*

α) *im Bereich der Logik von der Prädikabilie „Art"* (*lat. species*)*:* richera (*sc.* ist, *Steinm.*) [*differentia est qua*] *abundat* [*species a genere, Porph., Isag. p. 125*] Gl 2,367,1 (*vgl.* Gl 2,367,2 *in ders. Hs.*);

β) *von der Seele: im religiösen Bereich, mit abstr. Gen.:* der sia (*seine Seele*) ... gerot uuerden richa des unuuehsallichen kuotes NpNpw 23,4.

3) *reichlich vorhanden, von Sachlichem:* rihhun [*at laevum* (*iter*) *nemus umbriferum per amoena vireta*] *ditibus* (*Glosse: divitibus, vgl. PL 59*) [*ornaret pomis, Prud., Ham. 796*] Gl 2,462,3. (*die Tauben*) bi den rinnenten bachen, dieder ... sizzent alliz ana bi den richon uuazzeron *columbae super rivulos aquarum quae ... resident iuxta fluenta plenissima* [*Cant. 5,12*] W 89,3 [165,21].

4) *Glossenwort:* riche *dives* (*sc. -is*) Gl 3,381,63 (*unter Bez. für Nomina agentis, vielleicht substant.; darauf opulentus idem. locuples idem*). hoiro richoro *praestantior* [*significantior aut melior vel sublimior clarior, CGL IV,551,42*] 4,13,14 (*zur Frage des Lemmabezugs vgl. Krotz S. 484; falls* hoiro *auf sublimior zu beziehen ist, bietet sich clarior als Bezugswort an*). rihhen *ditibus* 54,38 (*1 Hs.* rîhlîh). *vastus* 106,34. 164,20.

Komp. uueraltrîhhi; *Abl.* rîhhida, rîh(hi)tuom; rîhlîh; rîhlîhho; rîhhen[2], rîhhên; *vgl.* rîhhi *st. n.*

[Bulitta]

rîhhi *st. n.* (*zu* ?rîhhi *st. m. s.* 5), *mhd.* rîch(e), *nhd.* reich; *as.* rīki, *mnd.* rîke, *mnl.* rike, rijc; *afries.* rīk(e); *ae.* ríce; *an.* ríki; *got.* reiki. – *Graff II,390 ff.*

Bei N *Stammvokal* -î-, *wenn nicht anders angegeben.*

riihh-: *gen. sg.* **-es** I 4,16. 23,3. 35,2; *dat. sg.* **-e** 6,14. 38,1; *acc. sg.* **-i** 37,14. 38,14; *nom. pl.* **-i** 6,11. – **rihh-:** *nom. sg.* **-i** S 27,3 (*Patern.*). 43,21 (*Pn., Hs. A*). F 9,24. 10,9. 16. 15,5. T 18,5. 22,8. 15. 34,6. 44,4. 62,2. 3. 5. 64,10. 72,1. 73,1. 74,1. 76,1. 77,1. 2. 3. 124,5. 125,1. 148,1. 195,4 (3); *gen. sg.* **-es** Gl 1,256,23 (*K*). 819,15 (*M*). 2,294,8 (*M, 4 Hss.*). S 191,10. 194,4 (*beide B*). F 8,18. 9,8. T 3,5. 22,1. 47,7. 74,4. 75,1. 76,4. 79,5; *dat. sg.* **-e** Gl 1,464,8 (*M, 4 Hss., 1 Hs.* -ʰhe). 2,313,62 (*Rb*). S 194,3 (*B*). F 10,4. 8. 13 (*nach Ausg. Hench S. 191 für nom.*). 26 (-ę). 34,13. T 25,6 (2). 47,7. 51,4. 64,7. 76,5 (2). 77,5. 123,6. 128,5. 151,4. 158,2. 160,3; *acc. sg.* **-i** S 68,42 (*Musp.*). 201,37 (*B;* r *auf ausge-*

wischtem Buchstaben, Steinm.). T 22,4. 25,7. 35,3. 38,7. 42,1 (2). 44,3. 51,3. 119,2. 3. 151,1. 152,3. 205,6 (-i *aus* e *korr.*) = T Fragm. S. 291,5; *gen. pl.* **-o** F 5,23. – **rih-:** *nom. sg.* **-i** S 43,21 (2; *Pn., Hs. B*). O 4,21,17 (*V*); *dat. sg.* **-e** Gl 1,464,9 (*M*). S 310,25 (*S. Emm. Geb., Hs. A*); *acc. sg.* **-i** 66,13 (*Musp.*). Ol 64. Os 5 (*V*); *acc. pl.* **-i** O 2,4,83 (F). – **rich-:** *nom. sg.* **-i** S 29,2. 10 (2; *Wk*). 11 (*Wk*). 43,21. 23 (*beide Pn., Hs. A*). 85,19 (*Ludw.*). H 2,7,3. T 13,2. 99,1. 101,1. 109,1. 116,4. 140,1 (3). 145,5. O 2,21,29. 4,21,17 (*PF*). 23. 27. 5,23,86; **-e** Gl 3,207,46 (*SH B*). 379,26 (*Jb*). Hbr. II,75,156 (*SH B*). S 175,4d,7. NpNpw 21,29. 27,5. 102,19. 144,13 (2; Np *1. Beleg* -i-). Orat. dom. 10 (*Hs. R*, -i- *Hs. T*). Np 44,7. 56,1. 117,5 (-i-). 144,13. Npgl 33,1 (2). 71,15. 88,40. 96,1. 98,9. Npw 101,3. 104,11. 142,11. Cant. Zach. 69; **-a** Npw 44,7. 117,5; *gen. sg.* **-es** S 153,26. H 1,9,4. 13,2. 11,3,3. T 90,3. 145,10. 212,2. O 3,26,22. 4,20,29. 5,16,1. Os 37. NpNpw 44,7. NpglNpw 44,7. Np 88,29. 45. 95,11. 143,2 (-i-). 144,11. 12. Npgl 44,7; **-is** Npw 117,20. 142,3. 143,2. 144,11. 12. Cant. Ez. 15; *dat. sg.* **-e** S 6,48 (*Hildebr.*). 102,2. 169,21. T 90,6. 94,2. 3. 110,4. 113,2. 145,5. O 1,3,33 (*F*). 2,14,106. 3,1,3. 12,17. 13,42. 15,28. 16,49. 24,73. 4,10,8. 5,2,11. 4,49. 23,250. 260. 24,8. Ol 57. Nb 63,3. 227,30. 228,16. 289,17. 290,10. 299,4. 300,28 [52,27. 183,25. 184,6. 222,17/18. 223,1/2. 228,21. 230,1/2]. NpNpw 1,4. 9,Diaps. 16 (= Npw 9,41). 30,21. 104,14 (2). 119,5 (*Hs. R*, -i- *Hs. X*). NpglNpw 15,6. Np 58,17. 88,39. 93,23. Npgl 57,4. 61,8. 88,38. 108,11; **-æ** T 112,2; *acc. sg.* **-i** H 6,2,1. 20,3,4. T 94,2. 100,6. 106,4 (3). 6. 113,2. 141,11. O 2,2,33. 3,18,19. 4,4,46. 50. 12,56. 62. 21,6. 31,20. 5,4,53. 9,47. 17,3. 15 (*F*). 18,8. 11. 20,69. 82 (*in V* ri:chi *mit Rasur von* h). 24,16. 25,93. Ol 55. 67. Os 5 (*P*). Npw 13,5; **-e** S 110,4. 159,12. 162 (*vgl.* Befund u. Deutung S. 236,26). O 5,17,15 (*PV*). Nb 6,15. 154,23 [6,5. 130,29]. NpNpw 9,20. 18,2. NpglNpw 50,10. 16. Np 98,1. 127,3. Npgl 71,4. Npw 110,9. 118 X,175. 142,8; **-a** 127,3; *nom. pl.* **-e** Nb 154,9 [130,16]. NpNpw 101,23. Np 45,7. Npgl 98,9; **-a** Gl 4,157,55 (*Sal. c*). Npw 45,7; *gen. pl.* **-o** Nb 5,6 [5,12]; *dat. pl.* **-en** 9 [12]. Nc 715,22 [32,13]. Np 56,10. Npw 118 V,161. Cant. Abac. 14; **-in** O 3,13,36; *acc. pl.* **-i** H 26,7,4. O 2,4,83 (*VP*); **-e** Nb 25,6. 62,2 [20,21. 51,30]. NpNpw 134,11 (-i-). Np 78,6. – **rihces:** *gen. sg.* H 1,7,4. – **richhes:** *gen. sg.* Gl 2,294,9 (*M, clm 9573, Hs. 11. Jh.*). – **rihcche:** *dat. sg.* S 67,35 (*Musp.; im Zeilenumbruch* rihc|che).

rik-: *nom. sg.* **-i** Gl 4,296,27 = Wa 54,14 (*Ess. Ev.*); [*dat. sg.* **-ie** Pk 114,9;] *nom. pl.* **-i** Pw 67,33.

Verschrieben: **rihher:** *gen. sg.* Gl 1,245,19 (*K; zur Verschr. von* -r *für* -s *vgl. Splett, Stud. S. 260*); **rehhe:** *dat. sg.* 464,10 (*M, clm 22201, 12. Jh.;* zedem horehhe*; zur Verschr. vgl. Matzel S. 7*).

Verstümmelt: **rihh.:** *nom. pl.* F 34,12; **.iche:** *nom. sg.* S 175,4d,3 (*von* ich *nur untere Hälften erhalten, Steinm.*). 13 (*der obere Teil des* r *abgeschnitten*); **..he:** *dat. sg.* F 41,12; **..ha:** *acc. sg.* S 159,10.

1) *besiedeltes Gebiet, das einem Herrscher untersteht:*

a) *ohne Bezug auf ein best. Gebiet:* rihhes graueon *regni comites* Gl 1,245,19. feortha theil rihhes *IIII* (*sc. quarta*) *pars regni* 256,23. riche *regio* 3,207,46. Hbr. II,75,156. riche *regnum* 379,26. 4,157,55. iogiuuelih rihhi in imo selbemo ziteilit uuirdit ziuuorphan *omne regnum in se ipsum divisum desolabitur* T 62,2, *z. gl. St.* (*Luc. 11,17*) S 175,4d,3 (*vgl.* Hellgardt, Pred. S. 63,b3), *hierher auch* that gihuuilik riki the inuuardas givurohtid si that it utana testorid uuertha *dicit quia omne regnum in se ipsum divisum desolabitur* [*zu: factum est verbum domini super Ioannem Zachariae filium,*] *in deserto* [*Luc. 3,2*] Gl 4,296,27 = Wa 54,14, *ähnl.* (*Matth. 12,25*) allero rihho *ga*huuelih in zuei zasceitan zagengit *omne regnum divisum contra se, desolabitur* F 5,23. sum edili man gieng in ferra lantscaf intfahan imo rihhi *homo quidam nobilis abiit in regionem longinquam accipere sibi regnum* T 151,1. ni mag er (*der Mächtige, der seine Seele verloren hat*) ... findan wehseles wiht in allen richin O 3,13,36. uuer zuiuelot Romanos iu uuesen allero richo herren . unde iro geuualt kan ze ende dero uuerlte? *quis enim nesciat Romanos olim rerum dominos fuisse . et fines eorum cum mundi finibus terminari?* Nb 5,6 [5,12]. du ... lertost sia (*sc.* diu reda) mit Platonis munde . alliu riche . unde alle andere geuualta danne uuesen salige . ube iro ulagin uuise *tu sanxisti . i. statuisti hanc sententiam ore Platonis . respublicas beatas fore . si vel regerent eas studiosi sapientiae* 25,6 [20,21]. (*fortuna*) undurlicho storenta . guollichiu riche *fortunam indiscreto ictu vertentem felicia regna* 62,2 [51,30]. nemuoto nieht eino in gemeinemo riche . dinero rihti zelebenne *locatus intra commune omnibus regnum . ne desideres vivere proprio iure* 63,3 [52,27]. preiten sih ouh ferro diu irdisken riche . noh tanne sint io manige diete . dero ein chuning ... nieht neuualtet *sed quamvis late tendantur humana imperia . necesse est plures gentes relinqui . quibus regum quisque non imperet* 154,9 [130,16]. iro (*der Ungläubigen*) riche uuerde fone Romanis so fertiligot . daz is furder nehein geuuaht nesi NpNpw 27,5. sie (*die Israeliten*) uualloton fone diete ze diete . fone riche ze riche 104,14. uuanda einer uuart des richis pistozen, der ander uuard an daz cruci gihangen Npw 142,3 (Np *regno*); *ferner:* T 151,4 (*regnum*). Npw 118 V,161 (Np *regnum*);

b) *mit Bezug auf ein best. Gebiet:*

α) *näher bestimmt durch den Kontext:* kuning (*Ludwig III.*) uuas eruirrit, thaz richi al girrit S 85,19 (*oder meton. 'Volk', vgl. Urmoneit S. 108, dann zu* 2). bidhiu huuanda dhen titulo sines (*Jesu*) riihhes oba sinem sculdrom ... Pilatus screiph *quia titulum regni super humeros ... Pilatus scribsit* I 23,3. (*Herodes*) dher in ghirin dhes riihhes dhurahsnuoh dhes chiuualdi *qui per ambitionem regni inrepserat potestatem* 35,2. (*Herodes zur Tänzerin:*) so uuaz so thu bitis so gibu ih thir, thoh thoh halftanod mines rihhes *quicquid petieris dabo tibi, licet dimidium regni mei* T 79,5. quadun sumiliche fon themo selben riche [*vgl. dicebant ... quidam ex Hierosolymis, Marg. nach Joh. 7,25*] O 3,16,49. (*die Ankläger:*) bigan er (*Jesus*) susliches (*Aufruhr zu verursachen*) zi ente thesses riches, mit thiu er thaz lant al ubargiang [*vgl. commovet populum docens per universam Judaeam, incipiens a Galilea usque huc, Luc. 23,5*] 4,20,29 (*PV*, lantes *F*). wil thu thaz richi, druhtin, ... irsezen thesen liutin nu sar in thesen zitin? [*vgl. domine, si in tempore hoc restitues regnum Israel? Acta apost. 1,6*] 5,17,3. unz er (*Gott*) nan (*König Ludwig*) gileitta, sin richi mo gibreitta Ol 55. so do manige liute ennont Tuonouuo gesezene ... in allen disen richen keuualtigo uuider Romanis sizzen *postquam autem barbarae nationes ... rem publicam invaserunt* Nb 5,9, *lat.* 3,12 [5,12, *lat.* 4,8/9]. sin (*des Theoderichs*) neuo Alderih zuhta daz riche ze sih *succedente in regnum Adelrico nepote eius* (*Theoderici*) 6,15, *lat.* 4,15 [6,5, *lat.* 4,29]. tia forhtun . die er (*Dionysius*) umbe sin riche doleta *metus regni* 154,23 [130,29]. to in (*Cacus, den Rinderdieb*) Hercules ersluog . to habeta er Euandro geuuillot . in des riche er (*Cacus*) latrocinia uopta 300,28 [230,1/2]. ein uuise dierna ... tiu ouh tine (*Merkurs*) ferte ueeiz ... after dinero bruodero (*sc. des Mars u. des Apoll*) richen *doctissima virgo ... quaeque norit tuos recursus per fratrum regna* Nc 715,22 [32,13]. so ih nah Saule mines riches uualten beginno NpNpw 143,2. du tate sliz des riches . ioh des stuoles (*Davids*) [*vgl. sedes enim pro regno posita est, quae merito dicitur in terra collisa, quando divisus populus atque confractus particulatim toto orbe dispersus est, Aug., En.*] Np 88,45. vuar ist iro (*der Juden*) regnum (riche)? Npgl 88,40; *ferner:* O 3,12,17. 24,73. 4,21,6. Ol 64. 67;

β) *näher bestimmt durch einen EN:* qui (*Heinrich*) cum dignitate thero Beiaro riche beuuarode S 110,4. in andra uuiis ni uuardh eo einic in Israhelo riihhe Cyrus chinemnit *praeterea quia nullus in regno Israhel Cyrus est dictus* I 6,14 = F 34,13. lekza ih therera buachi iu sentu in Suabo richi Os 5. (*Ulixes*) ... fertreib sie (*die Harpyen*) uzer des chuninges riche Alcinoi . der in Achaia saz Nb 299,4 [228,21]. der ... iro chuninga sluog . also er teta anderhalb Iordanis . alliu diu riche Chanaan *Seon regem Amorreorum . et Og regem Basan . et omnia regna Chanaan* NpNpw 134,11. sedes Iudaici regni (der stuol Iudon riches, Npw daz sedal des iudisgen riches) uuereta eina urist NpglNpw 44,7; *ferner:* Npgl 98,9 (*regnum*).

2) *Menschen eines Herrschaftsgebiets* (*häufig neben einem Wort für 'Volk'*): riki erthon, singit gode *regna terrae, cantate deo* Pw 67,33. in dhemu nemin Cyres ist Christ chiuuisso chiforabodot, fora dhemu sindun dheodun ioh riihhi chihneigidiu in ghilaubin *in persona enim Cyri Christus est prophetatus, ubi ei subiugatae sunt gentes in fide et regna* I 6,11 = F 34,12. erstentit thiot uuidar thiotu inti richi uuidar riche *consurget enim gens in gentem et regnum contra regnum* T 145,5. dannan uuurden die diete getruobet ... vnde gediemuoton sih diu riche *conturbatae sunt gentes . et inclinata sunt regna* NpNpw 45,7. daz liute unde riche zesamene chomente gote dienoen *in conveniendo populos in unum . et regna ut serviant domino* 101,23. kiuz uz din zorn an die diete . die dih nebechennent . unde an diu riche diu dinen namen ana neharent *effunde iram tuam in gentes quae te non noverunt . et in regna quae nomen tuum non invocaverunt* Np 78,6; in allên rîhhin *'bei allen Völkern, überall':* daz (*Ps. 56,10*) ist nu irfollot . uuanda psalmi unde gotes lob sint in allen richen 56,10 (*vgl. Ps. 56,10: psalmum dicam tibi in gentibus*).

3) *im religiösen Vorstellungsbereich: Reich und Herrschaftsbereich:*

a) *Gottes bzw. Jesu (als Stätte, Zustand u. Zeitalter ewigen Heils, Paradies vgl. noch* 4b): euuikemo rihhe [*utrum*] *perenni regno* [*dignus sit nescit, Greg., Hom. I, 19 p. 1514*] Gl 2,313,62 (*zur Zusammenziehung mit einer weiteren Glossierung s. unter* holdlîhho). thanne uuir thiz quedem, thaz gotes richi si in uns S 29,11. piqhueme rihhi din *adveniat regnum tuum* 43,21, *ähnl.* 27,3. 29,2. 10. 43,23 (*nur Hs. A*). H 2,7,3 (*regnum*). T 34,6 (*regnum*). O 2,21,29. NpNpw Orat. dom. 10 (*regnum*). Npgl 71,15 (*regnum*). sin richi uuas eo enti eo ist (sin rihi eino uuas eo *Hs. B*) S 43,21 (*2. Beleg; zu* eino *'allein, nur' vgl. Ahd. Wb. 3,206*). (*die Engel*) pringent sia (*die Seele*) sar uf in himilo rihi 66,13. trohtin, ginade uns mit mahtin in din selbes riche 102,2. in (*den seligen Verstorbenen im Himmel*) ist ein alterbe (*oder* alter (*?*), *vgl. Ausg. Wilhelm, Denkm. 1,32,32*), eines riches ebenteil 153,26 (*z. St. vgl. noch Wilhelm a. a. O. 2,1,69 mit Verweis auf PL 118,882A*). daz tu uone imo in daz ewiga rihha keleitet uuerdest 159,10. *suenne* er (*der reuige Sünder*) danne *irstirbit.* so feret er in *daz* gotes riche [*vgl. cum defunctus fuerit, ad dominum vadit, ad requiem vadit, regno dei non privabitur, Caes., Hellgardt, Pred. S. 75*] 12. chomet ir keuuihten mines fat*er*, imphah*e*t daz riche daz iu kekarauu*e*t ist uone anakenge dere uuerlte [*vgl. venite benedicti patris mei, possidete paratum vobis regnum a constitutione mundi, Matth. 25,34*] 162 (*vgl.* Befund u. Deutung S. 236,26), *z. gl. St.* T 152,3. O 5,20,69. NpglNpw 50,10 (*regnum*). Npw 118 X,175. 142,8. uirruochelon uuir die (*sc. Gottes Gesetz*) . so uuerde uuir firstozzen uone demo gotis riche also die Iuden [*vgl. si neglexerimus eam (iustitiam) proicimur de ea (caeleste vinea), sicut et Iudaei proiecti sunt, BH, Hellgardt, Pred. S. 87*] S 169,21... *daz* sin riche .. [*vgl. ostendit enim regnum suum individuum esse, ebda. S. 102*] 175,4d,7. daz rihhes sine kearneem vuesan ebanlozzon *ut regni eius mereamur esse consortes* 191,10. (*Gott*) der unsih ladoot in rihhe sinemv sehan *qui nos vocavit in regno suo videre* (*vgl. in regnum suum, Linderbauer S. 35. 131*) 194,3. az erist suahhat rihhi cotes *primum quaerite regnum dei* 201,37, *z. gl. St.* (*Matth. 6,33*) T 38,7. kot almahtigo, kauuerdo mir farkepan kanist enti kanada in dinemo rihe S 310,25 (*nur Hs. A*). (*Gott spricht durch Nathan:*) ih inan (*Salomon*) chistiftu in minemu dome, endi in minemu . riihhe *statuam eum in domo mea et in regno meo* I 38,1. rihces himilisces felaho scheffo *regni caelestis conditor* H 1,7,4 (*zur Doppelglossierung von conditor durch* felaho *u.* sceffo *vgl. Ausg. Firchow S. XVI*), *z. gl. St.* riches himilesges sceffant 11,3,3. pilohaneru giu riches turi portun *clausa iam regni regia* 1,9,4 (*zur Doppelglossierung von lat. regia 'Haupteingang in ein großes Gebäude' mit* turi portun *vgl. Siewerts S. 77 ff.*). (*der am Kreuz zum christlichen Glauben übergetretene Schächer*) qhuam in richi cotes *qui ... praevenit in regno dei* 20,3,4 (*z. St. vgl. Siewerts S. 366*). (*du, Jesus*) intat*i* calaupentem richi himilo *tu ... aperuisti credentibus regna celorum* 26,7,4. huuanta iu·ist .. *arche*nnenne ghiruni himilo rihhes .. *quia vobis datum est nosse mysterium regni caelorum* F 8,18, *z. gl. St.* (*Matth. 13,11*) T 74,4. allero eoga*huuelih* der gahorit uuort rihhes enti (ni) forstentit *omnis qui audit verbum regni et non intellegit* F 9,8, *z. gl. St.* (*Matth.13,19*) T 75,1. galihho ist .. *him*ilo rihhi manne demo saita guotan .. *simile factum est regnum caelorum homini, qui seminavit bonum semen in agro suo* F 9,24, *z. gl. St.* (*Matth.13,24*) T 72,1. (*die Engel*) samnont fona sinemo (*des Menschensohns*) rihhe alle dea asuuihi *colligent de regno eius omnia scandala et eos qui faciunt iniquitatem* F 10,4, *z. gl. St.* (*Matth. 13,41*) T 76,5. danne dea rehtuuisigun schinant so sunna in iro fateres rihhe *tunc iusti fulgebunt sicut sol in regno patris sui* F 10,8, *z. gl. St.* (*Matth. 13,43*) T 76,5, *ähnl.* NpglNpw 15,6 (*regnum*). Npgl 61,8. 88,38 (*beide regnum*). galih ist himi*lo* rihhi gaberge gabor(ga)nemo in acchre *simile est regnum caelorum thesauro abscondito in agro* F 10,9, *z. gl. St.* (*Matth. 13,44*) T 77,1. (*Christus*) uns forgebe ... *eouuesantan* lip in sinem*o* *rih*he mit imo samant in *uueral*teo *uue*ralt F 41,12 (forgebe *zu* firgeban *in der Bed. 'geben, gewähren', anders Ahd. Wb. 4,165 unter* 7b). sines rihhes nist enti *regni eius non erit finis* T 3,5. tuot riuua, uuanta nahit sih himilo richi *paenitentiam agite, adpropinquavit enim regnum caelorum* 13,2, *ähnl.* 18,5 (*regnum*). umbigieng ther heilant alla Galileam ... predigonti gotspel rihhes *circuibat Ihesus totam Galileam ... praedicans evangelium regni* 22,1. thero (*sc.* thie thar arme sint in geiste) ist gotes rihhi *quoniam ipso-*

rum est r e g n u m *caelorum* 8. ih quidu iu, thaz manage ... sizzent mit Abrahame inti Isake inti Iacobe in himilo rihhe *dico autem vobis, quod multi ... recumbent cum Abraham et Isaac et Iacob in* r e g n o *caelorum* 47,7, *ähnl.* 113,2 (r e g n u m). (*Jesus zu dem Jünger, der seinen Vater bestatten will:*) thu far inti sage gotes rihhi! *tu autem vade, adnuntia* r e g n u m *dei!* 51,3. nioman sententi sina hant in phluog inti uuidarscouuonti ist gifuoglih gotes rihhe *nemo mittens manum suam in aratrum et aspiciens retro aptus est* r e g n o *dei* 4. fon then tagun Iohannises thes toufares unzan nu himilo rihhi tholet not *a diebus autem Iohannis Baptistae usque nunc* r e g n u m *caelorum vim patitur* 64,10. thie guoto samo thaz sint kind rihhes, thie beresboto thaz sint kind thes abuhen *bonum vero semen hi sunt filii* r e g n i, *zizania autem filii sunt nequam* 76,4. (*Jesus zu Petrus:*) dir gibu sluzzila himilo riches *tibi dabo claves* r e g n i *caelorum* 90,3. (*die Jünger zu Jesus:*) uuer ist mero in himilo riche? ... (*Jesus zu den Jüngern:*) nibu ir uuerdet giuuentita inti gifremite soso theser luzilo, ni geet ir in himilo richi *quis putas maior est in* r e g n o *caelorum? ... nisi conversi fueritis et efficiamini sicut parvuli, non intrabitis in* r e g n u m *celorum* 94,2. sint aruiurte thie sih selbon aruiurtun thuruh himilo richi *sunt eunuchi qui se ipsos castraverunt propter* r e g n u m *caelorum* 100,6. sulichero (*der Kinder*) ist himilo richi *talium est enim* r e g n u m *caelorum* 101,1. otag unodo ingengit in richi himilo *dives difficile intrabit in* r e g n u m *caelorum* 106,4. thie firnfollun man inti huorun furifarent iuuih in gotes rihhe *publicani et meretrices praecedent vos in* r e g n o *dei* 123,6. fon nu ni izzu ih iz (*das Ostermahl*) mit iu, êr thanne iz gifullit uuirdit in gotes rihhe *ex hoc non manducabo illud* (*pascha*), *donec impleatur in* r e g n o *dei* 158,2. min rihhi nist fon thesemo mittilgarte: oba fon thesemo mittilgarte uuari min rihhi, mine ambahta uunnin, thaz ih ni uurdi giselit Iudein: nu giuuesso nist min rihhi hinan r e g n u m *meum non est de mundo hoc: si ex hoc mundo esset* r e g n u m *meum, ministri mei decertarent, ut non traderer Iudeis: nunc autem* r e g n u m *meum non est hinc* 195,4 *ähnl.* O 4,21,17. 23 (r e g n u m). (*der zweite Gekreuzigte zu Jesus:*) trohtin, gihugi min mit diu thu cumist in thin rihhi *domine, memento mei cum veneris in* r e g n u m *tuum* T 205,6 = T Fragm. S. 291,5, *z. gl. St.* (*Luc. 23,42*) O 4,31,20. wir (*Gläubigen*) sahun sinaz richi joh sina guallichi [*et vidimus gloriam eius, Marg. nach Joh. 1,14*] 2,2,33. sume ... tothes ni koront êr ... êr sie sehent ... then gotes sun frono in sunnun analiche in sinemo riche [*vgl. sunt quidam ... qui non gustabunt mortem, donec videant filium hominis venientem in* r e g n o *suo, Matth. 16,28*] 3,13,42. heili ouh thu thia hohi mit theru selbun wihi, breiti ouh thinaz richi in thaz hoha himilrichi 4,4,50. bigan sih frewen ... ther kuning ewinigo ..., thoh er scolti in morgan bi richi sin irsterban 12,56. so er (*Jesus*) thaz gisprah ... fuar ... zi sinemo fater, thanana er quam; zi sin selbes riche [*vgl. postquam locutus est eis, assumptus est in* c a e l u m, *Marg. nach Acta apost. 1,13*] 5,17,15. sie (*die Guten am Tag des Jüngsten Gerichts*) sehent sinaz richi, thie hohun guallichi 20,82. thiz ist todes giwalt – thar ist lib einfalt, wanta himilrichi theist lebentero richi 23,86. (*Gott*) firlihe iu (*Bischof Salomo*) sines riches, thes hohen himilriches Os 37. [*u*uole likiu drohtine an rikie libbiandira *placebo domino in regione vivorum* Pk 114,9.] ziu daz (*sc. daß in der Welt die Frevelhaftigkeit herrscht u. die Tugendhaftigkeit mit Füßen getreten wird*) so fare in gotes riche . der al ueiz . al gemag . unde echert kuot uuile *quae fieri in* r e g n o *scientis omnia . potentis omnia . sed bona tantummodo volentis dei* Nb 227,30 [183,25]. fone demo gotes riche uuerdent sie (*sc. die Bösen*) feruuahet *sed tamquam pulvis quem proicit ventus a facie terrae* NpNpw 1,4. (*Gott birgt die, die auf ihn hoffen*) in sinemo riche . dar sin anasiune tougen ist dien ubelen . unde offen dien guoten 30,21. din stuol got . unde din riche uueret iemer *sedes tua deus in saeculum saeculi* 44,7. in uuiti dar sin riche ist . dar terminus neist . dar gehorta er mih *exaudivit me in latitudine* 117,5. caro et sangvis r e g n v m dei non possidebvnt (fleisk unde bluot nebesizzent gotes riche) NpglNpw 50,16. er (*David bzw. Christus*) ist der rehtsculdigosto erbo mines riches *servabo illi ... testamentum meum fidele ipsi* Np 88,29. in iro argen uuillen fertribet er sie . fone sinemo riche *in malitia eorum disperdet illos dominus deus noster* [*vgl. disperdet eos, id est, a suo* r e g n o *efficiet alienos, Cass.*] 93,23. (*der Name*) Abimelech chit . r e g n u m patris mei (riche minis fater) . s. Dauid (Davidis). Daz uuaren Iudei . sie uuaren r e g n u m patris sui Dauid (riche iro fater Dauidis) Npgl 33,1. extranei a r e g n o dei sint spiritus inmundi (uztrippen fone gotes riche sint die tiefela) 108,11. reht erda ist der lichinamo unze er untirtan ist demo geisti: so ist daz riche dere chumftigen uuerlte Npw 142,11 (Np r e g n u m). horen buret sih in hohi: also teta daz Christis riche *erexit cornu salutis nobis in domo David pueri sui* Cant. Zach. 69 (r e g n u m); – *ferner:* S 29,10. 194,4 (r e g n u m). H 1,13,2. 6,2,1 (*beide* r e g n u m). F 10,13. 16. 26. 15,5 (*alle* r e g n u m). T 22,4. 15. 25,6 (2). 7. 35,3. 42,1 (2). 44,3. 4. 62,5. 64,7. 73,1. 74,1. 76,1. 77,2. 3. 5. 90,6. 94,3. 99,1. 106,4 (2). 6. 109,1. 110,4. 112,2. 113,2. 116,4. 119,2. 3. 124,5. 125,1. 128,5. 140,1. 141,11. 145,10. 148,1. 160,3. 212,2 (*alle* r e g n u m). O 3,18,19. 26,22. 4,4,46. 10,8. 12,62. 21,27. 5,4,53. 9,47. 16,1. 18,8. 11. 23,250. 260. 24,16. 25,93. Nb 228,16 (r e g n u m). 289,17 (r e g n u m). 290,10 (*res* p u b l i c a) [184,6. 222,17/18. 223,1/2]. NpNpw 9,Diaps. 16 (= Npw 9,41). 18,2. 21,29 (r e g n u m). 119,5. 127,3. 144,11. 12 (*beide* r e g n u m). 13 (2; *beide* r e g n u m). NpglNpw 101,3 (r e g n u m). Np 56,1 (r e g n u m). 58,17. 98,1. Npgl 44,7. 57,4 (*beide* r e g n u m). Npw 104,11. 110,9. 117,20 (Np *alle* r e g n u m);

b) *der* M e n s c h e n (*bezogen auf die Erde im Gegensatz zum Himmelreich*): kind thesses rihhes sint furuuorphan in thiu uzarun finstarnessi *filii autem* r e g n i *eicientur in tenebras exteriores* T 47,7. si (*die gegen Gott waren*) uorhten daz si fluren daz irdische richi unde fluren daz himeliske Npw 13,5 (Np *terrenum* r e g n u m); (h i a r) i n (t h e m u) r î h h e (*h i e r*) *a u f E r d e n:* so wer so in riche ouh salida suache, irbiat er ira (*Marias*) guati mihilo otmuati O 1,3,33 (*F*, erdriche *PV*). nist akar hiar in riche, nub er zi thiu (*zur Ernte*) nu bleiche [*vgl. videte regiones, quia albae sunt iam ad messem, Joh. 4,35*] 2,14,106. sin zit, quad (*Jesus*), noh ni quami, er sih mit gualliche irougti in themo riche 3,15,28. nist fiant hiar in riche, nub er hiar fora (*vor dem Kreuzzeichen*) intwiche 5,2,11; *ferner:* 3,1,3. 5,24,8; O 3,12,17 *s.* 1bα;

c) *des* T e u f e l s: daz *er des tiu*valis ki*uualt unte sin* riche .. [*vgl. ut diaboli* r e g n u m *destrueret, BH, Hellgardt, Pred. S. 102*] S 175,4d,13 (*vgl.* Hellgardt, Pred. S. 63). oba Satanas in imo selbemo ziteilit ist, vvuo gistentit thanne sin rihhi? *si autem et Satanas in se ipsum divisus est, quomodo stabit* r e g n u m *ipsius?* T 62,3. (*Gott,*) eruelle daz riche Antichristi . erfelle sinen geuualt! NpNpw 9,20. diabolum . der r e g n u m mortis (todes riche) habeta . den intsezzet Npgl 71,4. quia confracta sunt regna idolorum . r e g n a demoniorum (uuanda abkotriche geuueichet sint riche dero tiefelo) 98,9; *ferner:* Npw Cant. Abac. 14 (*regnum*);

d) *des Todes:* er nam in todes riche sigi kraftliche O 5,4,49.

4) *Herrschertum, Herrschaft(sausübung), Macht:*

a) *im weltlichen Bereich:* Elias stritit pi den euuigon lip, uuili den rehtkernon daz rihhi kistarkan S 68,42 (*zur Bed. 'Macht' vgl.* rîhhi *adj.* 1; *nach Müller, Ahd. Lit. S. 205 dagegen 'Himmelreich'*). ih aruuehhu dhinen (*Davids*) samun ... endi chistiftu imu siin riihhi *suscitabo semen tuum ... et stabiliam regnum eius* I 37,14, *ähnl.* 38,14 (*regnum*). mit so sameliche so quam er (*König Ludwig*) ouh zi riche Ol 57 (*s.* queman A X 1a, *Ahd. Wb. 7,537*). truhten gareta in himele sinen stuol . ad dexteram patris . unde sin riche uualtet iro allero *dominus in caelo paravit sedem suam . et regnum eius omnium dominabitur* NpNpw 102,19. (*David*) ist fone sinemo sune aba demo riche gestozzen . unde in fluht praht [*vgl. quando de regno deiectus, a filio Absalom fugiens nudis pedibus ambulavit, Cass.*] Np 88,39; *hierher wohl auch:* zi demo rihhe [*confortatus est ergo Salomon ... in regno suo, et dominus deus eius ... magnificavit eum*] *in excelsum* [*2. Paral. 1,1*] Gl 1,464,8 (*das lat. Bezugswort bedeutet eigentlich 'Erhabenheit, hohes Ansehen, Größe'; vgl. noch vorausgehendes regno*); – *auch verstanden als Zeitraum:* rihhes [*anno autem quinto decimo*] *imperii Tiberii* [*Caesaris, Luc. 3,1*] Gl 1,819,15. rihhes *imperii* [*Greg., Hom. 1,20 p. 1516 = ebda.*] 2,294,8. in ammire celo ih dir ... dei saligen iar minis richis *recogitabo tibi omnes annos meos in amaritudine animae meae* [*vgl. ergo Ezechias reputare se dicit omnes annos regni sui, Hier. in Is.*] Npw Cant. Ez. 15 (Np *regni*);

b) *im religiösen Bereich:* rehtnissa garda ist garde dhines riihhes *virga aequitatis virga regni tui* I 4,16 (*vgl. Hebr. 1,8*), *ähnl.* gerta gerihtennis . ist dines riches kerta *virga directionis virga regni tui* NpNpw 44,7. sines riches freuuen sih die regenonten himela . unde diu fone in beregenota erda *laetentur caeli et exultet terra* Np 95,11; *ferner:* Npgl 96,1 (*regnum*).

5) *hierher auch* (*?*), *Herrscher* (*oder zu einem Ansatz* rîhhi *st. m.* (*?*); *zur Zuordnung zu* rîhhi *st. n. vgl. Ris, Adj. S. 16 f. 30; zu* rîhhi *st. m. vgl. ChWdW9 S. 678 u. As. Hwb. S. 314 s. v.* rīki² *st. m.?*): (*Hildebrant zu seinem Sohn:*) wela gisihu ih ... dat du noh bi desemo riche reccheo niwurti S 6,48 (*zu* bi *'zur Zeit von, unter' vgl.* bî 2. Teil B II 1a, *Ahd. Wb. 1,964*). dar scal er uora demo ri*hhe* az rahhu stantan, pi daz er in uuerolti kiuuerkot hapeta 67,35 (*zu* uora *'jmdm. gegenüber' vgl.* fora 2. Teil B I 2a, *Ahd. Wb. 3,1140*).

Komp. abgot-, erd(a)-, Franc-, helli-, himil-, kuni-, kuning-, ôstar-, uueralt-, uuestarrîhhi, herzogrîche *mhd.*; *vgl.* rîhhi *adj.*

Vgl. Ris, Adj. S. 37–80.

[Bulitta]

rîhhida *st. f. – Graff II,395.*

rihhidom: *dat. pl.* S 277,19/20 (*B; nach Ris, Adj. S. 126 dagegen zu* rîh(hi)tuom, *s. dazu unten*). – **rihchida:** *acc. sg.* S 234,11 (*B*).

Herrschaft: .. alliu rihchida .. *non super sanas* (*animas*) *tyrannidem assumat* S 234,11. (*neu eingesetzte Priore*) zuanemante im rihhidom unreht richisod zuruuarida zeohant (*praepositi*) *adsumentes sibi tyrannidis* (*korr. in tyrannidem*) *scandala nutriunt* 277,19/20 (*lat. tyrannidis, Akk. Plur., wurde als Dat. Plur. mißverstanden; das Wort, das in lat. tyrannidem korr. wurde, wurde ein weiteres Mal mit der Fügung* unreht rîhhisôd *glossiert; vgl. Masser, Komm. Ben.reg. S. 256 u. Ibach, Beitr.* (*Halle*) *80,247*).

Vgl. ?uuuotrîhhida.

rîhhisôd *st. m. – Graff II,395.*

richisod: *acc. sg.* S 277,20 (*B*).

Herrschaft: unreht rihhisôd *Tyrannei:* (*neu eingesetzte Priore*) zuanemante im rihhidom unreht richisod zuruuarida zeohant (*praepositi*) *adsumentes sibi tyrannidis* (*korr. in tyrannidem*) *scandala nutriunt* (*formenkongruente Wiedergabe der Korr. lat. tyrannidem; neben* rihhidom; *tyrannidis wurde somit doppelt glossiert, s. noch* rîhhida *u. vgl. Ibach, Beitr.* (*Halle*) *80,247*).

Vgl. ?uuuotrîhhisôd.

rîhhisôn *sw. v., mhd.* rîch(e)sen, *frühnhd.* reichsen (*vgl. DWb. VIII,598*); *ae.* rícsian; *vgl. got.* reikinon. – *Graff II,395.*

riihhison: *inf.* I 38,17/18. 39,7; **rihhis-:** *3. sg.* **-ot** T 3,5; **-it** S 175,9 (*Preds. C; vordere Hälfte des 2.* h *erloschen, Steinm.*); *inf.* **-on** T 151,3. 11. – **riichisonter:** *part. prs. nom. sg. m.* Gl 2,97,45 (*clm 19440, 11. Jh.*); **richis-:** *3. sg.* **-ot** S 139,1 (*BB*). 153,17. O 1,5,29. Npw 9,28. 145,10. Cant. Moysi 18; *inf.* **-on** T 95,5 (*aus* richoson *korr.; das zweite* o *rad., vielleicht* e); *part. prs. nom. sg. m.* **-onter** Gl 2,97,45 (*clm 19417. clm 14407. clm 14747, alle 9. Jh.*); *3. sg. conj.* **-oia** S 43,24 (*Pn., Hs. A, 8./9. Jh.*); *3. sg. prt.* **-ota** T 11,3; **riches-:** *2. sg.* **-ost** Nc 815,31 [134,20] (-î-, -ô-); *3. sg.* **-ot** NpNpw 9,Diaps. 16 (= Npw 9,41; Np -î-). Np 9, Diaps. 5 (-î-). 12,3. 54,20 (-î-). 60,7 (-î-). 71,5 (-î-). 87,7 (-î-, *sehr hoch über* -o- *akutartiger Strich, vgl. K.-T. 9,320 Anm. 2*). 88,5 (-î-). 98,1 (-î-; *oder verschr. für* richesota *u. 3. sg. prt. wie* Np 96,1*?*). 145,10. Cant. Moysi 18 (-î-); *3. pl.* **-ont** NpNpw 46,4 (Np -î-). Npgl 93,13; *3. sg. conj.* **-oe** Np 118 I,69 (-î-); **-a** Npw ebda.; **-i** 118 A,3; *2. sg. imp.* **-o** Np 44,5 (-î-); **-e** Npw ebda.; *inf.* **-on** Nb 5,4/5 [5,11] (-î-, -ô-). NpNpw 1,1 (Np -î-). NpglNpw 44,7. Np 88,12 (-î-). 95,10 (-î-). Npgl 59,10; *inf. dat. sg.* **-onne** Npgl 71,7; *3. sg. prt.* **-ota** NpNpw 46,9. Np 92,1 (-î-). 95,10 (2; -î-). 96,1 (-î-). – **rihis-:** *3. sg.* **-ocht** Gl 2,478,42 (*Kiel 145, Gll. 11. Jh.; auch Lesung* -sotht *möglich, Steinm.; von anderer Hand; verschr.?*); *3. sg. conj.* **-o** S 43,24 (*Pn., Hs. B, 8./9. Jh.*); *3. sg. prt.* **-ota** Gl 2,770,30 (*clm 29032a.b.d, Hs. 9./10. Jh.*); **rihs-:** *2. sg.* **-enst** S 348,69 (*Münch. Gl. u. B., Hs. A;* n*-Einschub, verschr.?*); *part. prs. dat. sg.* **-enter** 342,16 (*S. Galler Gl. u. B. II; s.* 2β).

Verschrieben: **ruchisonter:** *part. prs. nom. sg. m.* Gl 2,106,16 (*M, clm 18140, 11. Jh.; -u- aus* ii (*?*), *vgl.* Gl 2,97,45).

Mit verkürzter Schreibung hierher vielleicht auch: **ter:** *part. prs. nom. sg. m.* Beitr. 52,165,8 (*clm 14510, Hs. 9. Jh.*).

1) *bei persönl. Subj.:* (*über jmdn./an einem Ort*) *herrschen, Macht ausüben, die Gewalt innehaben:*

a) *im weltlichen Bereich:*

α) *abs.:* dher (*Salomon*) chiuuisso bi sinemu fatere lebendemu bigunsta riihhison *ille enim patre suo vivente coepit regnare* I 38,17/18. der man ist salig . der ... richeson neuuolta [*vgl. quia non fere quisquam est qui careat amore dominandi, Aug., En.*] NpNpw 1,1. si (*die Rute der Herrschaft Gottes*) gerihtet die êr chrumb uuaren ... uuanda sie âne in (*Gott*) uuolton regnare (richeson) unde iro selbero uuillen tuon NpglNpw 44,7; – *substant.: Herrscher:* riichisonter (*1 Hs. noch* uuotcrimmer) [*si quis presbyter ... altare aliud erexerit, ... deponatur, quasi principatus amator existens, est enim*] *tyrannus* [*Can. apost. XXXII*] Gl 2,97,45. 106,16;

β) *mit Präp.verb.: mit* in + *Dat. d. Sache:* tho her (*Joseph*) gihorta thaz Archelaus richisota in Iudeon after Herode sinemo fater *audiens autem quod Archelaus regnaret in Iudaea pro Herode patre suo* T 11,3. (*Philologia zu Juno:*) aber hier heizo ih tih kernor aeram fone aere . in demo du richesost [*vgl. ego vero hic . i. in isto aere voco te aeram . nuncupatam ita ab aeris regno . quia in aere principatum tenes, Rem.*] Nc 815,31 [134,20]; *mit* ubar + *Akk. d. Pers.:* ni uuollemes thesan rihhison obar unsih *nolumus hunc regnare super nos* T 151,3; *ferner:* 11 (*regnare*); – *Glosse:* rihisota [*celsa qui* (*der verstorbene Reiche*) *dudum*] *floruit* [*arce, Av., Poem. lib. 3,251*] Gl 2,770,30;

b) *im religiösen Bereich:*

α) *abs.:* rihiso*cht* *regnat* [*spiritus ille sempiternus a Christo simul et parente missus, Prud., H. p. cib. (IV) 14*] Gl 2,478,42 (*vgl.* 2). ich gloubo ... daz er (*Christus*) richisot in der guotlichi der siner uaterlichun ewigun ebenmaginkrefte S 139,1. unte daz *er* (*Christus*) ... richisit *âne enti* [*vgl. ostendit enim regnum suum individuum esse, qui ubique regnat, cuius regni non erit finis, BH*] 175,9 (*vgl.* Hellgardt, Pred. S. 63). herre, du der lebest unde rihsenst uone ewen unde ze ewen 348,69. ir (*Christus als Nachkomme Davids*) chuninc scal dhanne riihhison *regnavit* (*La. -bit*) *rex* I 39,7 (*mit prädik. Nom.* kuning). guot ist thir einougen in libe richison *bonum tibi est luscum in vitam regnare* (*Laa. bonum est tibi luscum introire in regnum dei, Marc. 9,46; bonum tibi est cum uno oculo in vitam intrare, Matth. 18,9*) T 95,5 (*vgl. noch Ahd. Wb. 5,880 s v.* lîb 1c). (*Christus als Gottes Sohn*) richisot githiuto kuning therero liuto [*vgl. regnabit in domo Iacob in aeternum, Luc. 1,33*] O 1,5,29 (*mit prädik. Nom.* kuning *u. Gen.-Attrib., vgl. Ausg. Erdm. S. 357 u. Erdm., Syntax 2 § 93*), *z. gl. St.* T 3,5. taz er (*sc. der Tag des Jüngsten Gerichts*) êr nechame ... êr Antichristus richeson begondi *quoniam nisi ... reveletur filius iniquitatis .i. Antichristus* Nb 5,4/5, *lat.* 3,7 [5,11, *lat.* 4,5]. allero sinero fiendo uualtet er . uuanda er alle chuninga slahet . unde einer richesot [*vgl. quod reges omnes superaturus sit, et solus regnum obtenturus, Aug., En.*] NpNpw 9,Diaps. 5 (= Npw 9,28). christiani richesont unde in undertan sint pagani (heidene) 46,4 (*vgl.* a). (*Gott*) der fore uuerlte richesot . der genideret sie Np 54,20. du fater gehuffost imo (*Christus*) siniu iar . unz an den tag dirro geburte . ioh enero. In beiden richesot er 60,7 (*falls in praep. hier temporal gebraucht, sonst zu* β). nah sinero resurrectione richesot Christus *dominus regnavit* 98,1. qvi (*die Fremdstämmigen*) mecvm non svnt regnatvri (die sament mir nesuln richeson) [*vgl. alienigenae ... subditi sunt, quia multi adorant Christum, et non sunt regnaturi cum Christo, Aug., En.*] Npgl 59,10. so chid iz danne . unz diu ecclesia irburet uuerde ad regnandum (ze richesonne) cum (mit) Christo 71,7. quare regnant mali (ziu richesont ubele) 93,13; *ferner:* NpNpw 9,Diaps. 16 (= Npw 9,41). 145,10. Cant. Moysi 18 (*alle regnare*). Np 96,1 (*regnare*); – *substant.: Herrscher:* ter lo (*sc. rihhisonter himilo?*) [*nec*] *regnator coeli* [*virginalis uteri dedignatus ... est angustias intrare, Alc., De fide 3,14, PL 101,47A*] Beitr. 52,165,8;

β) *mit Ortsadv. und/oder Präp.verb.: mit Adv.* hier (*u.* in + *abstr. Dat.*): framspuotigo chum hara fone himele . unde richeso hier in dinero ecclesia NpNpw 44,5; *ferner:* Np 92,1 (*regnare*); – *mit* an + *Dat. d. Pers.:* haranah chumet himilskiu (*sc. generatio futura in resurrectione mortuorum*) . an dero sizzet er (*Christus*) aber . uuanda er an iro richesot [*vgl. in aeternum Christus regnabit in sanctis suis, Aug., En.*] Np 88,5 (*vgl.* 2); – *mit* fona + *Dat. d. Sache:* truhten richesota fone ligno . fone ligno crucis pegonda er richeson also fore diabolus richesota Np 95,10. – *mit* in + *Dat. d. Pers./Dat. d. Sache:* dikkames, daz ... er (*Gott*) in uns richisoia S 43,24 (*vgl.* 2). tui sunt ęeli in dien diabolus richeson uuolta Np 88,12; – *mit* ubar + *Dat. d. Pers.:* vber diete richesota truhten *regnavit dominus super gentes* NpNpw 46,9; – *mit lat. ad:* Christus richesot ad dexteram patris Np 71,5.

2) *bei abstr. oder abstr. vorgestelltem Subj.:* (*in jmdm./an einem Ort*) *wirken, vorherrschen:*

α) *abs.:* uuie lango sol mir daz uue tuon . daz infidelitas (ungelouba) richesot? Np 12,3;

β) *mit Ortsadv./Präp.verb.: mit Adv.* thâr*:* da (*im neuen Jerusalem*) richisot diu minna mit aller miltfrowida und aller tugidone zala mit staten urasmunde S 153,17; – *mit* an + *Dat. d. Pers.:* sie sazton mih ... vnder finstren . unde dien . die in todes scatue sint . also die sint . an dien impietas richesot *posuerunt me ... in tenebrosis et in umbra mortis* Np 87,7; – *mit* in + *Dat. d. Sache/Dat. d. Pers.:* rihsenter der sunton in iureme totlicheme libe *regnante peccato in vestro mortale corpore* S 342,16 (*dem Art. vorangestellt u. wohl ebenfalls apokopiert als Adj.-Attrib. zu* sunton), *ähnl.* Npw 118 A,3 (Np *regnare*). souuieo michil unreht in uuerlte richesoe . in mir neirlisket caritas [*vgl. quantalibet, inquit, abundet iniquitas, non in me refrigescet caritas, Aug., En.*] NpNpw 118 I,69.

Komp. fol(la)girîhhisôn; *Abl.* rîhhisônto, rîhhisôd.

[Bulitta]

gi-**rîhhisôn** *sw. v.* (*vgl.* rîhhen[2]), *mhd.* gerîchsen (*in anderer Bed.*).

ge-richesot: *3. sg.* S 301,26 (*rhfrk. Ps.*).

Verschrieben: **ge-riksini:** *inf. dat. sg.?* Pw 64,10 (*vgl. de Grauwe § 349*).

reich machen:

a) *mit Akk d. Sache: etw. fruchtbar machen:* thu gemanohfaldedos te geriksini sia (*die Erde*) *multiplicasti locupletare eam* (*terram*) Pw 64,10 (*zur lat. Konstr. 'du bereicherst sie sehr' vgl. Sleumer S. 532 s. v. multiplico*);

b) *abs. gebraucht:* drohtin aremen duot unde gerichesot *dominus pauperem facit et ditat* S 301,26.

rîhhisônto *adv.*

richesondo: NpNpw 28,10 (Np -î-; *in* Np *langes* s *aus* f *korr.*).

herrschend: dara nah sizzet er richesondo iemer *sedebit dominus rex in aeternum* [*vgl. deinde sedebit regnans in eis in aeternum, Aug., En.*].

rîh(hi)tuom *st. m.* (*auch n.?*), *mhd.* rîch(e)tuom *m. n.* (*n. fraglich*), *nhd.* reichtum *m.*; *as.* rīkidōm *m. oder n.*, *mnd.* rîk(e)dôm *m. f. n.*, *mnl.* rijcdoem *m. n.*; *afries.* rīk(e)dōm *m.*; *ae.* rícedóm *n.*; *an.* ríkdómr *m.* – *Graff II,394 f.*

Bei N -î-, *wenn nicht anders angegeben.*

Sichere Maskulina: **rih-tuom:** *nom. sg.* Nb 88,21. 24. 89,25. 96,5 [76,27/28. 29. 77,28. 83,8]. Np 64,10 (-i-); *acc. sg.* S 106,17. 18. 169,24 (2). NpNpw 48,11 (= Npw 12; Np -i-); *nom. pl.* **-a** Np 61,11. 75,6 (*beide* -i-). Npw 108,31; *acc. pl.* **-a** NpNpw 48,11 (= Npw 12; Np -i-). Npgl 72,26. Npw 108,31; **-i** 118 G,52; **-duoma:** *dass.* Pw 61,11 (*zu* -h- *s. van Helten, Einl.* § 6β); – **rich-tuom-:** *nom. pl.* **-a** Npgl 108,31; *acc. pl.* **-a** 72,25. – **ric-toma:** *acc. pl.* Gl 2,240,37 (*Zürich Rhein. 35, Hs. 9./10. Jh.*).

Mögliches Neutrum: **rich-tvm:** *acc. pl.?* Gl 1,742,49 (*clm 22201, 12. Jh.; lat. Plur.; zum Suffixvokal vgl. Matzel S. 73*).

Maskulinum oder Neutrum: **rih-tuom:** *nom. sg.* Gl 1,693,52 (*M, 2 Hss., 1 Hs.* -ů-; *lat. abl.*). 2,76,53. 77,47. 69. 132,10 (*M, 5 Hss.*). 185,59 (*M, 4 Hss., 1 Hs.* -tuō; *lat. abl.*). Nb 89,18. 92,18. 137,3. 143,10. 144,19 [77,21. 80,5. 116,27. 121,23. 122,26]. NpNpw 36,16 (Np -i-). 111,3; *gen. sg.* **-es** S 145,30. T 13,1. Nb 172,15 [145,12/13]. NpNpw 33,5. 48,7 (Np -i-); **-is** Npgl 52,5; **-as** Gl 2,406,13 (*Prag VIII. H. 4, Hs. 11. Jh.; zu* -as *vgl. Braune, Ahd. Gr.*[15] *§ 193 Anm. 1*); *dat. sg.* **-e** 1,464,21 (-ů-). 693,51 (*M, 5 Hss., 1 Hs.* -v-). 2,606,3 (*M, 2 Hss.*). Nb 143,17. 28. 168,12. 26 [121,29. 122,8. 141,30. 142,13]. Np 51,9. Npw 30,11. 32,12 (*lat. acc., oder verschr.?*); **-o** Gl 2,606,3/4 (*M, clm 18140, 11. Jh.*); *acc. sg.* **-**] 77,48. 52. 433,25. 441,20 (*2 Hss., 1 Hs.* -v-). 505,67 (-ō). Nb 107,17. 131,15. 17. 134,8. 137,6 [93,13. 113,1. 3. 115,2. 116,29]. NpNpw 30,7. NpglNpw 35,6. 111,5. Npgl 32,12. 52,6. 68,31. 108,31; *dat. pl.* **-un** Gl 2,172,41 (*clm 6277, Hs. 9. Jh.*); **-en** NpNpw 118 B,14; **-tuomme:** *dat. sg.* Np 30,11. 68,30 (-i-); **-toum:** *acc. sg.* Gl 2,433,25 (*Paris Nouv. acqu. lat. 241, Hs. 11. Jh.; lat. abl.*); **-tum:** *nom. sg.* Nk 472,19 [117,14] (-î-, -û-); *gen. sg.* **-**]**es** Beitr. 73,209 (*nach* Gl 4,130,4); **-duom-:** *gen. sg.* **-es** WA 140,5; *acc. sg.* **-**] 55,21. – **rich-tuom:** *nom. sg.* Gl 4,142,31 (*vgl.* Beitr. 73,214/215*;* -ů-); *gen. sg.* **-**]**es** WC 140,5 [247,25/26]; *dat. sg.* **-**]**e** Npgl 70,7; *acc. sg.* **-**] Nc 756,27 [72,16] (-î-). WC 145,8 [257,4]; **-toumes:** *gen. sg.* Gl 2,74,7 (*clm 15825, Gll. 11. u. 13. Jh.*); **-duam:** *nom. sg.* Ol 83 (*P*); **-duom:** *acc. sg.* WC 55,21 [109,18]. WA 145,8. – **ric-duom:** *acc. sg.* Pw 72,12 (*zum Sing. statt Plur. wie in* Pw 61,11 *vgl. Ausg. van Helten*).

rih-i-duam: *acc. sg.* O 1,1,63 (*PV, in F durch Korr. aus* richiduam). – **rich-i-tuame:** *dat. sg.* O 2,5,8 (*F*); **-duam:** *nom. sg.* Ol 83 (*V*); *dat. sg.* **-**]**e** O 2,5,8 (*PVD*). – **rik-i-doma:** *dat. sg.* Gl 2,586,62 = Wa 100,27/28 (*Düsseld. F 1, Gll. 10. Jh.;* riki- *aus Korr., vgl.* Gl 5,105,28).

1) *Herrschaft, Herrschertum, Macht:* in themo finftazehenten iare thes rihtuomes Tiberii thes keisores *anno quintodecimo imperii Tiberii Caesaris* T 13,1 (*vgl. auch* Gl 1,819,15 *s. v.* rîhhi *st. n.* 3a). allen sinen (*König Ludwigs*) kindon si richiduam mit minnon Ol 83; – *hierher wohl auch:* sie (*die Franken*) eigun ... rihiduam ginuagi joh sint ouh filu kuani O 1,1,63 (*nach Kelle, Glossar S. 484 dagegen 'Reichtum'; zu* ginuagi *als unflektiertes nachgestelltes Adj. vgl. Ahd. Wb. 6,1425 s. v.* ginuog). spuan er (*der Teufel*) io zi noti jenan (*Adam*) zi ubarmuati, zi giri ioh zi ruame, zi suaremo richiduame [*vgl. antiquus hostis contra primum hominem tribus tentationibus se erexit, id est: gula, vana gloria et avaritia, Beda zu Matth. 4,9*] 2,5,8 (*Erdm. S. 390 übersetzt 'zum Trachten nach einer Herrlichkeit, die ihm* (*s. Adam*) (*später*) *schwer, d. h. unheilvoll wurde'; nach Kelle, Glossar S. 484 dagegen 'Verlangen nach Besitz, Habsucht', vgl.* 6).

2) *Besitztum* (*sowohl im Sinne von 'einzelnes Gut' wie auch 'Gesamtheit des Besitzes'*):

a) *von* (*vergänglichen, als verwerflich oder verderbenbringend angesehenen*) *materiellen Gütern:* richtvm *possessiones* [*et substantias vendebant, et dividebant illa omnibus, Acta 2,45*] Gl 1,742,49 (*5 Hss.* eigan *st. n.*). rihtuomun [*qui et ditari in hoc mundo diu conati sunt, et tamen in adeptis*] *divitiis* [*diu manere nequiverunt, Greg., Cura 3,20 p. 66*] 172,41. rihtuom [*quia enim quae sunt aeterna gaudia nesciunt* (*die Reichen*), *ex praesentis vitae*] *abundantia* [*consolantur, ebda. 3,2 p. 36*] 185,59 (*vgl.* 3). rictoma [*quis ergo*] *opes* [, *quis potestatem, quis gloriam quaerat innoxie ...? ebda. 3,26 p. 78*] 240,37. alle die mir rieton den unrehton rihtuom S 106,17. 18 (*zur Wiederholung der Verses vgl. Ahd. u. As. Lit. S. 414*). ich bin sculdig in scazgirida, in rihtuomes urechi 145,30. vuir nesculen nieth uoben die irdisgen acchera durh den uuerltlichen rihtuom, suntir durh den rihtuom des euuigen lonis [*vgl. nec ut divitias acquiramus, sed ut voluntatem dei ... operemur ... ad aeternam nostram salutem, BH, Hellgardt, Pred. S. 88*] 169,24 (*zum zweiten Beleg vgl.* bβ). ne ruokit te gerone rikduoma of sia thiunt *nolite concupiscere divitiae si affluant* Pw 61,11 (*divitiae, Subj. zu affluant, wurde im Ahd. als Obj. von* gerôn *wiedergegeben*). ecco sia sundiga in thionda an ueroldi hatton ricduom *ecce ipsi peccatores et abundantes in saeculo obtinuerunt divitias* 72,12. also iz tanne ueret . so eteliche forderont rihtuom . umbe geuualt . unde umbe uuunna . unde andere daragagene forderont keuualt . umbe rihtuom . unde umbe mari *ut qui desiderant divitias . ob potentiam et voluptates . vel qui petunt potentiam . seu causa pec(c)uniae . seu proferendi nominis* Nb 131,15. 17 [113,1. 3]. sid sie (*die Uneinsichtigen*) iruuinden neuuellen . so gangen nah eron . unde nah rihtuome . daz lukkiu guot sint ... so gebe in got tarmite . taz sie diu uuaren (*sc.* guot) bechennen *opes . honores . ambiant . et cum paraverint falsa bona . gravi mole . tum cognoscant vera* 168,12 [141,30]. ter ander (*sc. Neptun*) uuas ... erbarot . unde feruuerfende mit note guunnenen richtuom *alius vero ... renudatus . ac dispuens divitias obpressione quesitas* Nc 756,27 [72,16]. die rihtuom forderont unde era . die forderont uppigheit NpNpw 30,7. sin selbes (*Gottes*) lusta mih . nals goldes unde rihtuomes . dannan gehorta er mih 33,5. pezzera ist luzzel demo rehten . danne michel rihtuom dero sundigon *melius est modicum iusto super divitias peccatorum multas* 36,16. so iz die tuot . die ... sih kuollichont iro michelen rihtuomes *qui ... in multitudine divitiarum suarum gloriantur* 48,7. fremiden lazzent sie iro rihtuoma *relinquent alienis divitias suas* 11 (= Npw 12). Christvs ist uia testimoniorum dei ... an demo bin ih keuuunnesamot samoso in allen rihtuomen *in via testimoniorum tuorum iocundatus sum . sicut in omnibus divitiis* 118 B,14. uuante sie (*sc. deine Lehrer*) ... allen uuerlichen richduom uuilligo hina hand geuuorfan nah minemo rate, ut me expeditius sequi possint [*vgl. quia ... rebus ut exuti mundanis meque secuti sint, Expos.*] W 55,21 [109,18]; *ferner:* Nb 89,18 (*divitiae*). 134,8 (*opes*). 137,3 (*divitiae*). 137,6. 143,10 (*opes*). 17. 28 (*beide divitiae*). 168,26 (*opes*). 172,15 (*divitiae*) [77,21. 115,2. 116,27. 29. 121,23. 29. 122,8. 142,13. 145,12/13]. NpNpw 48,11 (= Npw 12). NpglNpw 32,12 (*divitae*). 35,6. 111,5. 108,31 (*alle divitiae*). Np 51,9. 61,11 (*beide divitae*). 75,6. Npgl 52,5 (*divitiae*). 6. 70,7 (*beide divitae*); – *als Vok.-Übers. hierher wohl auch:* rihtuom [*in contrarium igitur relapsa*] *res* [(*sc. die Annahme, daß Reichtum sorg- u. bedürfnislos mache*) *est: nam quae sufficientes sibi facere putabantur opes, alieno potius praesidio faciunt indigentes, Boeth. 3,3 p.*

57,40] Gl 2,76,53 (*Wiedergabe von res in der Bed. 'Besitztum, Vermögen' statt in der kontextgerechten Bed. 'Sachverhalt'*); – *als Wort der Objektsprache hierher wohl auch:* fone diu nemag iro (*sc. der Dinge*) nehein mit rehte so heizen . so man siu heizet . noh taz ir heizent rihtuom . noh taz ir heizent keuualt *itaque nec illae divitiae . nec illa potentia . . . . iure potest appellari* Nb 107,17 [93,13]. quod neque prauum neque studiosum est . taz neuueder neist cuot noh ubel . taz heizent Stoici indifferens . also rihtum unde skoni Nk 472,19 [117,14];

b) *von immateriellen Gütern:*

α) *im weltlichen Bereich:* sint sie (*die Bediensteten*) aber chustig . uuio mugen danne anderes mannes chuste . din scaz sin . unde din rihtuom? *sin vero (famuli) probi . quonam modo numeratur in tuis opibus aliena probitas?* [*vgl. in tua substantia, Rem.*] Nb 92,18 [80,5];

β) *im religiösen Bereich:* (*das Gut, sc. die seelische Kraft*) daz ih habo . daz ist fone dinemo (*Gottes*) rihtuomme NpNpw 30,11. kuollichi unde rihtuom . sint in des herzen qui timet dominum (Npw der got furhtet) *gloria et divitię in domo eius* 111,3. ze demo rihtuomme (*sc. Gottes Heil*) dingent alle . so uuirt iu laba paupertatis et doloris Np 68,30. daz (*sc. Gott zu loben und zu verherrlichen*) habo ih pro diuiciis (fure rihtuom) Npgl 68,31. inmortales diuitias (untodige richtuoma) habest du mir dar (*im Himmelreich*) gehalten [*vgl. servas, inquit, mihi tu in caelo divitias immortales, Aug., En.*] 72,25. an imo (*Gott*) habo ih funden mine diuitias (rihtuoma) [*vgl. inveniamus divitias nostras, Aug., En.*] 26. mit den (*sc.* urteilen) skeindist du die rihtuomi dinero guotlichi in dei uaz dere gnadicheite Npw 118 G,52 (Np *divitiae*). suen min dilectio perfecte inflammat, siu machet in contemptorem allis irdisken guotes unte machet in giregan des euuegen richtuomes [*vgl. maxima sint quamvis mundi bona praetereuntis, Expos.*] W 140,5 [247,25/26]; – *ferner:* S 169,24 (*vgl. noch* S 169,24 *unter* a). NpglNpw 108,31 (*divitiae*). Np 64,10. W 145,8 [257,4].

3) *materieller Wohlstand, Überfluß* (*Nähe zu* 2a)*:* der selbo rihtuom (*verstanden als zufällige und vergängliche Gabe des Schicksals*) ist smahe . an sin selbes natura Nb 88,21 [76,27/28]. uuola grehto . uuio gnote . unde uuio arm . der rihtuom ist . den manige haben nemugen *o igitur angustas inopesque divitias* 89,25 [77,28]. ter rihtuom scadota ofto demo . der in habeta *divitiae persaepe nocuerunt possidentibus* 96,5 [83,8]. fone diu sage du mir . . . ube rihtuom durfte fertiligon nemag . unde er ioh turfte machot . uuelicha gnuht mag er danne geben . uuanent ir? *quare si opes nec summovere possunt indigentiam . et ipse suam faciunt . i. addunt . quid est quod credatis eas praestare sufficientiam?* 144,19 [122,26]; *ferner:* 88,24 [76,29] (*divitiae*).

4) *reiche Ausstattung, Pracht:* rihtûme [*combusserunt super eum (den verstorbenen König)*] *ambitione* [*nimia, 2. Paral. 16,14*] Gl 1,464,21 (*im Lat. ist ein Akk.-Obj. 'Spezereien' zu erg.*). rihtuome [*filii Iambri faciunt nuptias magnas, et ducunt sponsam . . . filiam unius de magnis principibus Chanaan cum*] *ambitione* [*magna, 1. Macc. 9,37*] 693,51 (*1 Hs.* irstrebunga). rihtuome [*sic evidenti indicio regina voti compos effecta templum mirificum in eo loco, in quo crucem reppererat, regia*] *ambitione* [*construxit, Ruf., Hist. Eccl. X,8 p. 970*] 2,606,3; – *als Vok.-Übers. hierher vielleicht auch* (*vgl. noch* 2a)*:* rihtvom [*regia pompa loci est, princeps bonus (Kaiser Konstantin) has sacravit arces (sc. die Kirche des hl. Paulus) lusitque magnis*] *ambitum* (*Glosse: circuitum, vgl. PL 60*) [*talentis, Prud., P. Petr. et Pauli (XII) 48*] Gl 2,441,20 (*das Bezugswort ambitus meint hier einen Gebäudeteil, der mit großem Reichtum, lat. magnis talentis, ausgestaltet ist*).

5) (*auf Macht u. Besitz gegründete*) *Glückseligkeit* ((*?*)*; alle Belege mus. Brit. Arund. 514, 10./11. Jh.*)*:* rihtuom, *darüber* ambaht [(*warum sollte Freundschaft zu Königen nicht Macht verleihen können,*) *quando eorum* (*sc. regum*)] *felicitas* [*perpetuo perdurat? Boeth., Cons. 3,5 p. 60,2*] Gl 2,77,47 (*zur Eintragung von* ambaht *vgl.* Beitr. 73,198). rihtuom [*plena est exemplorum . . . etiam praesens aetas, qui reges*] *felicitatem* [*calamitate mutaverint, Boeth., Cons. 3,5 p. 60,4*] 48. rihtuom [*quod si haec regnorum potestas beatitudinis auctor est, nonne si qua parte defuerit,*] *felicitatem* [*minuat, miseriam inportet? Boeth., Cons. 3,5 p. 60,8*] 52. ambaht, *darüber* rihtuom [*quem*] *felicitas* [*amicum fecit, infortunium faciet inimicum, Boeth., Cons. 3,5 p. 61,38*] 77,69 (*zur Eintragung von* rihtuom *vgl.* Beitr. 73,198).

6) *Verlangen nach Macht u. Reichtum* (*vgl. dazu Ris, Adj. S. 91*)*:* richtoumes [*verum . . . illud est . . . eos indigere . . . minimum qui abundantiam suam naturae necessitate non*] *ambitus* [*superfluitate metiantur, Boeth. 2,6 p. 38,66*] Gl 2,74,7 (*oder wurde superfluitas ambitus als Gegensatz von necessitas naturae 'Lebensnotwendiges' im Sinne von 'Überfülle an Besitz' verstanden* (*?*)*, dann zu* 2a). rihtuom [*principatus autem, quem aut seditio contulit, aut*] *ambitus* [*occupavit, etiamsi moribus atque actibus non offendat, ipsius tamen initii sui est perniciosus exemplo, Decr. Leon. XLIX p. 236*] 132,10. rihtuomas [*hic, . . . qui summum . . . bonum putat*] *ambitionis* (*Glosse: avaritiae, vgl. PL 59*) [*crescere successu, . . . in laqueum iam colla dedit, Prud., Ham. 439*] 406,13, *dazu wohl auch* Beitr. 73,209 (*nach* Gl 4,130,4*; die Gl. nachgetragen*). rihtoum [*quid ille fervens*] *ambitu* (*Hs. -um; Glosse: cupiditatem, honorem, vgl. PL 60*) [*, sitimque honoris aestuans, mersisne anhelat febribus . . .? ders., P. Laur. (II) 249*] 433,25. 586,62 = Wa 100,27/28. rihtuo*m ambitum* (*honorem*) [*ebda.*] 505,67; – *als Glossenwort hierher wohl auch:* richtûm *fastus superbie* (*sc. -iae*) *contemptus* Gl 4,142,31 (*vgl.* Beitr. 73,214/215*; die Gl. untergeschr.; zum möglichen Bezugswort superbia vgl. Ris, Adj. S. 91*).

Komp. uueraltrîhtuom; *vgl.* uuuotrīhtuom.

[Bulitta]

rîhholf *st. m.* (*zum Zweitglied* -olf *bei Appellativa neben* -olf *zur Bildung von Eigennamen vgl. BNF (NF) 4,14, Ris, Adj. S. 81 f.*).

rich-olf: *nom. sg.* Npgl 48,12.

abwertende Bez. für einen Reichen (*zur pejorativen Bed. des Suffixes* -olf *vgl. Ris a. a. O., der die Bildung mit 'derjenige, der aus Sorge um seine weltlichen Güter nicht an sein Seelenheil denkt u. daher verdammt ist' paraphrasiert*)*:* vuare diues (richolf) dar (*in den steinernen Gräbern*) geseldot . so nebrunne er ze hello [*vgl. si ibi maneret, non arderet apud inferos, Aug., En.*].

Vgl. Ris, Adj. S. 81–83.

rihhun Mayer, Glossen S. 117,1, *neu gelesen als* rizzun Siewert, Horazgl. S. 284,14, *s.* rezza.

-[uu]rîhida *st. f. vgl.* ant[uu]rîhida.

. rihingian Gl 2,717,35 = Wa 113,1 *s.* fir-thingôn.

rihlico Pw 57,12 *s.* reht(i)lîh.

rihistap Beitr. (Halle) 85,227,8 *s.* rîh(a)stab.

gi-**rihlîh** *adj. – Graff I,1136.*

ga-rih-lihaz: *nom. sg. n.* Gl 2,224,52 (*clm 18550,1, 9. Jh.*).

rächend, bestrafend: garihlihaz uuizzi [*eumque* (*den Reichen*) *post hanc vitam*] *ultrix* gehenna (*Hs. gehenne*) [*suscepit, non quia aliquid illicitum gessit, sed quia immoderato usu totum se licitis tradidit, Greg., Cura 3,21 p. 67*] (*lat. gehenna 'Hölle' wurde frei mit* uuîzi *'Strafe' übers.*).

rîhlîh *adj., mhd.* rî(che)lich, *nhd.* reichlich; *mnd.* rîk(e) līk, *mnl.* rikelijc; *ae.* rīclīc; *vgl. an.* ríkuligr. – *Graff II,393.*

rih-lich-: *acc. sg. f.* **-a** Gl 1,787,18 (*Wien 1239, Hs. 9. Jh.*); *dat. pl.* **-en** 2,516,52 (*2 Hss.*). 567,20; **-an** *dass.* 406,41; **-lih-:** *nom. pl. f.* **-o** 1,577,66 (*M, 4 Hss.*); *dat. pl.* **-en** 2,383,43 (*2 Hss.*). 390,21. 526,62. Kleiber, Otfrid S. 150 Anm. 686 (*nach* Gl 2,387,46; *Wolf. Wiss. 77, 9. Jh.*). – **rihh-liho:** *nom. pl. f.* Gl 1,577,67 (*M; -*[1]*iho*). – **rich-lich-:** *acc. sg. f.* **-a** Gl 1,787,18; *nom. pl. f.* **-e** 577,68 (*M*); **-in** 68/69 (*M, clm 17403, 13. Jh.;* richichn, *über* ichn *ist* lichin *nachgetragen*); *dat. pl.* **-en** 2,386,17. 537,68; **-lih-:** *nom. pl. f.* **-o** 1,577,67 (*M*); *dat. pl.* **-an** 4,140,30 (*Sal. c*); **rich-e-lic:** *Grdf.* 3,408,7 [HD 2,40]. – **rihc-lichen:** *dat. pl.* Gl 2,579,12 = Wa 93,4 (*Düsseld. F 1, Gll. 10. Jh.*). – **ric-lichin:** *nom. pl. f.?* Gl 1,577,68 (*M, clm 13002, 12. Jh.*).

Mit dissimilatorischem Schwund des h: **ri-lich-:** *dat. pl.* **-en** Gl 2,545,21 (*mus. Brit. Add. 34248, Gll. 11. Jh.; geheimschriftl., vgl.* Beitr. 73,203); **-an** 4,54,38 (*Sal. a1*); **-lihchen:** *dass.* 2,545,21 (*mus. Brit. Add. 34248, Gll. 11. Jh.*).

1) *einem Mächtigem gemäß, einem Herrscher zukommend:* rihlicha [*si tamen legem perficitis*] *regalem* [*secundum scripturas ... bene facitis, Jac. 2,8*] Gl 1,787,18 (*zum Lat. vgl. Matth. 22,36–39: quod es mandatum magnum in lege? ... hoc est maximum et primum mandatum*); *hierher wohl auch:* andic vel richelic *zelotes* 3,408,7 [HD 2,40] (*Zelotes ist auch der Beiname eines der zwölf Jünger Jesu, des Simon Zelotes*).

2) *prächtig, reichlich* (*zum Zushg. mit 1 vgl. Ris, Adj. S. 85*): rihliho [*melior est victus pauperis sub tegmine asserum, quam epulae*] *splendidae* (*Hss. -e*) [*in peregre sine domicilio, Eccli. 29,29*] Gl 1,577,66. rihlihen [*at laevum* (*iter*) *nemus umbriferum per amoena vireta*] *ditibus* (*Glosse: divitibus, vgl. PL 59*) [*ornaret pomis, Prud., Ham. 796*] 2,383,43. 386,17. 390,21. 406,41. 516,52. 526,62. 537,68. 567,20. Kleiber, Otfrid S. 150 Anm. 686 (*nach* Gl 2,387,46), *z. gl. St.* rilihchen, *dazu am Rande* rilichen [*Prud., Ham. 796*] Gl 2,545,21. id est rihclichen [*zu ebda.*] 579,12 = Wa 93,4. rilichan *ditibus* 4,54,38 (*4 Hss.* rîhhi *adj.*). 140,30.

rîhlîhho *adv., mhd.* rî(che)lîche, *nhd.* reichlich; *mnd.* rîk(e)līke, *mnl.* rikelike; *afries.* rīkelīke; *ae.* rīclīce; *vgl. an.* ríkuliga. – *Graff II,393.*

rih-lihho: Gl 5,25,8 (*fragm. S. Paul, 9. Jh.*); **-licho:** 4,316,50. 5,28,14; **-liho:** *nom. pl. f.* 1,812,67 (*M, 4 Hss.*). 2,171,39 (*clm 6277, Hs. 9. Jh.*). 191,29 (*M, 2 Hss.*). 304,51 (*M, 2 Hss.*). 376,9. – **rich-lich-:** **-o** Gl 2,59,44 (*3 Hss.*); **-ilicho:** 4,206,33 (*sem. Trev.; zum Fugenvokal vgl. Gröger §§ 12. 73*). – **ric-licho:** Gl 1,812,68 (*M, clm 14689, Hs. 12. Jh.*).

Verschrieben: **rih-lilo:** Gl 2,304,51 (*M, Wien 2723, 10. Jh.*).

1) *auf herrscherhafte Weise:* rihlihho [*ne* (*der Seelsorger*) *inveniatur ei* (*sc. Gott*) *... occulta cogitationis*] *tyrannide* [*resultare, Greg., Cura 2,8 p. 28*] Gl 5,25,8 (*in einem Textglossar; der Abl. tyrannide zum Subst. tyrannis 'Herrschaft(sausübung)' wurde wohl als Adv. tyrannice mißverstanden u. wiedergegeben*).

2) *auf prächtige Weise* (*vgl. noch* rîhlîh 2)*:* rihliho [*homo quidam erat dives, qui ... epulabatur quotidie*] *splendide* [*Luc. 16,19*] Gl 1,812,67. 2,304,51 (*Greg., Hom. II,40 p. 1652 = ebda.*). richlicho [*accipe in huiusmodi arrogantiae levitate quam*] *festive* [*aliquis illuserit, Boeth., Cons. 2,7 p. 46,64*] 59,44 (*zu lat. festive auch in der Bed. 'reichlich' vgl. noch Mlat. Wb. 4,185; die Wiedergabe erfolgte gegen die Kontextbed. 'gewitzt, geistreich'; z. St. vgl. noch Tax, Sprachwiss. 26,382*). rihlicho *festive pulchre* [*zu ebda.*] 4,316,50. rihliho [*dives ille qui epulatus quotidie dicitur*] *splendide* [*Greg., Cura 3,19 p. 61*] 2,171,39. 191,29. rihliho *opipare mirifice* [*Prisc., Inst. II,231,18*] 376,9. richilicho *opparus* (*l. opiparus*) ... *unde adverbium opare* (*l. opipare*) *vel opapare. id est mirifice* 4,206,33 (*vgl.* Katara XI,114). id est mirifice .i. rihlicho [*cum Balthasar epularetur et potaret*] *opipare* [*sive splendide in vasis templi domini quae asportaverat Nabuchodonosor, Haimo, Exp. p. 662A*] 5,28,14.

rihnussi Pw 57,2 *s.* rehtnussi *aostndfrk.*

rîho *sw. m., mhd.* rîhe, *nhd. dial. bair. schwäb. pfälz.* reihen *Schm. 2,84, Fischer 5,265, Pfälz. Wb. 5,476. – Graff II,430.*

rih-: *nom. sg.* **-o** Gl 2,18,66. 3,74,38 (*SH A, 6 Hss.*). Hbr. I,134,247 (*SH A*); **-e** Gl 3,74,39 (*SH A*). 178,57 (*SH B*); *dat. sg.* **-en** 1,385,25 (*M*); **-un** 2,20,27 (*zur Endg. vgl. Braune, Ahd. Gr.*[15] *§ 221 Anm. 3*); *dat. pl.* **-om** 1,292,19 (*Jb*); **-on** ebda. (*Rd*). 371,12 (*M*); **rio:** *nom. sg.* 3,74,40 (*SH A, Darmst. 6, 12. Jh.*).

Verstümmelt: **r.h.:** *nom. sg.?* Gl 3,19 Anm. 4 (*zur Lesung vgl. Steinm. z. St.*).

Verschrieben: **rifho:** *nom. sg.* Gl 2,13,1 (*mit in die Zeile gezogenem* f *für francisce*).

1) *Wade, Unterschenkel:* rihon [*percutiat te dominus ulcere pessimo in genibus et in*] *suris* (*musculis tibiarum*) [*Deut. 28,35*] Gl 1,292,19, *z. gl. St.* vuadon ł rihon 371,12.

2) *Knie, Kniescheibe, -gelenk:* rihen [*omnis autem reliqua multitudo flexo*] *poplite* [*biberat, Jud. 7,6*] Gl 1,385,25. poplite cniorada circuicione ł riho in genu [*zu: tum tuba ... reboat ..., ut genibus flexis et curvo*] *poplite* [*plebes aurea per campos orarent idola regis* (*sc. Nebukadnezar*), *Aldh., De virg. 375*] 2,13,1, *z. gl. St.* cneorada ł riho 18,66. rihun [*tunc ruit in frontem confracto*] *poplite* [*Dagon, ebda. 1360*] 20,27. riho *poples* 3,19 Anm. 4 (*davor* cneo *genu, danach* scinca uuado *tibia sura*).

3) *Fußknöchel, -gelenk* (?)*:* enkli riho fûze *talus locus corrigiae pedes* Gl 3,74,38. 178,57. Hbr. I,134,247 (*zu lat. corrigia 'Riemen' vgl. Mlat. Wb. II,1924; zum Knöchel als Stelle, an dem die Schuhe mit Riemen gehalten werden, vgl. Heyne, Hausalt. 3,263; vgl. dazu auch die Abb. in: Scott, Kleidung Abb. 26, S. 42; nach Riecke, Med. Fachspr. 2,215 bedeutet locus corrigiae 'Knie(kehle)', vgl.* 2).

Vgl. rist.

Vgl. Riecke, Med. Fachspr. 1,309. 2,215 f.

rihsinun Gl 2,753,11 (*clm 18547,2, 10./11. Jh.; geheimschriftl.* rlhslnyn) [*zu: hic ferebatur ... septem tantum*] *caricis* (*ficis*) [*sustentari, Sulp. Sev., Dial. 1,20 p. 172,23*] *ist nicht sicher gedeutet;* rihsinun *ist in klei-*

nerer Schrift über der Randgl. ficis eingetragen (vgl. Thies, Sulp. Sev. S. 207); *auf derselben Stelle wie die Federgl.* rihsinun *steht die Griffelgl.* ..hsinvn Nievergelt, Glossierung S. 418,464 (-i- *unsicher), die der Federgl. entspricht; es könnte ein bislang nicht identifiziertes Wort im Dat. Plur. für lat. carica 'Feige' oder für ficus gleicher Bed. vorliegen; vielleicht beruht die Glossierung aber auch auf einer Wortverwechslung (lat. carica 'Feige' wurde im Frühmittelalter z. B. mit lat. carex 'Riedgras' verwechselt, vgl. dazu Nievergelt a. a. O. S. 419).*

rihstab *s.* rîh(a)stab.

riht *andfrk. adj., mnd. mnl.* richt; *mhd.* riht, *nhd.* richt.

richt: *Grdf.* WA 121,6.

gerade (gewachsen): thiu rectitudo operum tuorum, mit thero thu ... thich ad solam spem superni premii uphrichtes, thiu is geliich thero palmon, thiu nithana smal ande richt is ande auor ouana gruoz ande scone is [*vgl. statura Ecclesiae est perfecta eius rectitudo ... recta et immobilis persistit, Haimo in Cant. p. 346A*] (W*C* rûh).

Vgl. reht *adj.*

? riht *st. f.*

rihti: *gen. sg.* S 233,18 (*B*); *oder Auslassung des Präfixes u. zu* giriht? *Ibach, Beitr. 80,250, Daab S. 200, Heffner S. 122, Masser, Komm. Ben.reg. S. 333 stellen diesen Beleg zu* rihtî, *Schade, Altd. Wb. 2,714 hat ihn dort nicht aufgenommen.*

Strafe: (ein mit einem ausgeschlossenen Mönch Kontakt pflegender Mitbruder) kalihchera si erlozzan .. de*r*a rihti *similis sortiatur excommunicacionis vindictae (zur passivischen Übers. des lat. Deponens vgl. Daab, Stud. S. 41; die urspr. lat. Konstr. hatte similem u. vindictam, vgl. Masser a. a. O. S. 175).*

Vgl. rehhan[1].

gi-**riht** *st. f. – Graff II,416 s. v.* garihtî *u. II,417 f. s. v.* garihti.

ki-riht-: *dat. sg.* **-i** S 252,30. 256,4 (*beide B*); **ke-:** *dass.* **-i** 249,3 (*B; zur Zuordnung vgl. auch Schade, Altd. Wb. 1,264 f.; nach Ibach, Beitr. 80,250, Daab S. 200, Heffner S. 65, Masser, Komm. Ben.reg. S. 333 dagegen zu* girihtî); **gi-:** *gen. sg.* **-i** T 145,12; *acc. sg.* **-]** 122,3 (2).

Hierher auch, verkürzt geschrieben (?): **ti:** *gen. sg.* Mayer, Glossen S. 61,28 (*clm 4542, Hs. 9. Jh.*).

(rächende) Strafe, Vergeltung: ti [*cuncta quae ad usum pravitatis infleximus ad usum nobis vertuntur*] *ultionis* [*Greg., Hom. II,35, PL 76,1260B*] Mayer, Glossen S. 61,28. daz ibu fundaner ist einic desan ubartuan dera suuikalii rehtungu dera suuarrun kerihti untarlicke *quod si inventus fuerit quisquam hanc praevaricare taciturnitatis regulam gravi vindicta subiaceat* S 249,3. ibu uuelih denne forakichundit .. liukanter ist uzan de*r*a kinuctsamun tati .. katheonoter uuirdit ... merun kirihti untarlicce *si quis dum pronuntiat psalmum responsurium aut antephonam vel leccionem fallitus fuerit nisi satisfaccione ibi coram omnibus humiliatus fuerit ... maiori vindicta subiaceat* 252,30. ibu (*der müßiggehende Mönch*) nipuazit de*r*a kirihti rehtlihchun untarlicke *si non emendaverit correctioni (correptioni, Ausg. Linderbauer S. 68) regulari subiaceat* 256,4 (*zur Bed. 'Strafe' vgl. Mlat. Wb. II,1917,59*). uuanta taga girihti thie sint *quia dies ultionis hi sunt* T 145,12; *– in der Verbindung* giriht tuon *Vergeltung üben:* eno got ni tuot giriht sinero gicoronero, thie thar ruofent zi imo tages inti nahtes ...? Ih quidu iu, thaz her sliumo tuot iro giriht *deus autem non faciet vindictam electorum suorum clamantium ad se die ac nocte ...? Dico vobis, quia cito faciet vindictam illorum* T 122,3; *zur Bed. (Luc. 18,7 f.) vgl. ThWNT 1,991 f.*

Vgl. girehhan[1].

? ge-**rihtære** *mhd. st. m., frühnhd.* gerichter (*vgl. DWb. IV,3652 u. DRWb. 4,332*); *mnl.* gerechter(e), gerichter.

ge-rittere: *acc. pl.* S 349,119 (*Münch. Gl. u. B., Hs. B, 14. Jh.; Ausg.* gerihte); *zu* -tt- *für* ht *vgl. Weinhold, Mhd. Gr. § 199.*

Richter: ir sult pitten umbe recht gerichte, umbe zitlich geri*tt*er*e*.

rihtâri *st. m., mhd.* rihtære, rihter, *nhd.* richter; *mnd.* richter(e), *mnl.* rechter, richter; *afries.* riuchtere; *ae.* rihtere; *an.* réttari. – *Graff II,422 f.*

rihtar-: *nom. sg.* **-i** Gl 1,239,15 (*KRa*). T 55,1. 4. Npw 7,12; **-e** Nb 40,14/15 (*voc.*). 227,16. 269,1/2. 19. 283,24 [32,27. 183,15/16. 209,17. 28. 219,1]; *dat. sg.* **-e** 214,30 [174,26]; *acc. sg.* **-e** S 156,7. Nb 48,26 [39,16]. NpNpw Cant. Deut. 31. Ns 613,26. 614,20 [294,12. 295,19] (*beide* -â-); *nom. pl.* **-a** Np 140,6 (-â-). 148,13; **-i** Npw 140,6. 148,13; *dat. pl.* **-en** Nb 266,7 [207,26] (-â-). Np 75,13 (-â-); *acc. pl.* **-a** S 186,56. – **richt-âre:** *nom. sg.* Np 7,12; **-ere:** *acc. pl.* S 348,92 (*vgl.* Priebsch, Dt. Hss. S. 305,26; *Hs. B; Ausg.* rihtære); **rihctere:** *nom. sg.* Gl 3,428,26; *zu* -ch- *u.* -hc- *vgl. Braune, Ahd. Gr.[16] § 154 Anm. 4a u. b.* – **rith-are:** *nom. sg.* Gl 3,183,1 (*SH B*); **-ere:** *dass.* 395,41 (*Hildeg.*); *zu* -th- *für* ht *vgl. Braune a. a. O. Anm. 6a.*

Verschrieben (?): **re[c]ter:** *nom. sg.* Gl 3,183,1 (*vgl.* Hbr. II,14,301 Anm.; *SH B, Brix. Bll., 13. Jh.; zu* -c- *statt* ch *vgl. Braune a. a. O. 6b; nach Hbr. II,14,301 Anm. verschr.;* re[i]ter *Steinm.*).

1) *Anführer, Herrscher, Machthaber (auch mit richterlicher Funktion):*

a) *im weltlichen, auch kirchlichen Bereich:*

α) *ohne Bezug auf konkrete Personen:* cuni*n*c rihtari rihhendi *rex rector regnator* Gl 1,239,15. rithare *quaestor vel eparchus Graece iudex* [*Hbr. II,14,301*] 3,183,1 (*im Abschn. De principatibus et miliciis aliisque personis; davor* burcgrauo *praetor vel praefectus, danach* fursto *princeps; zur Bed. 'Vorsteher, Statthalter' von eparchus vgl. Mlat. Wb. III,1304,8*). dara nah ruofo ih zi dinen gnadun umbe alla unsre rihtara, phaffon iouh leigun *peto etiam pro papa et caesare vel rege nostro nec non pro cunctis rectoribus ac principibus nostris* S 186,56. dar nach pitet in (*Gott*) umbe den babest da ze Rome und umbe alle geistliche rihtære (*Hs.* richtere) 348,92 (*vgl.* Priebsch, Dt. Hss. S. 305,26). demo opheront sie ... prutelichemo sament dien rihtaren dero erdo *offerunt munera ... ei ... terribili apud reges terrae* [*vgl. rege terram, et eris rex terrae, Aug., En.*] Np 75,13 (*zu der nur bei Notker gebrauchten Wiedergabe von rex durch* rihtâri *vgl. Schmidt-Wiegand, Frühma. Stud. 30,12*); *– hierher wohl auch:* rithere *iuriz iudex* Gl 3,395,41 (*davor* scara *acies, danach* houedrud *aulicus*). *iudex* 428,26 (*davor* phalle*n*zgreuin *palantissa, danach* voget *advocatus*). die lantchuninga unde alle uuerltliute . unde alle rihtara . chindesce man unde magede . alte unde iunge . lobent sinen namen *reges terrae . et omnes populi . principes et omnes iudices terrae . iuvenes et virgines senes cum iunioribus . laudate nomen domini* NpNpw 148,13 (*lat. 11; zu einem möglicherweise vor dem zweiten* unde *fehlenden Wort wie* fursten *oder* (uuerlt)herren *vgl. K.-T.*

10,537 Anm. z. St.; zur Bed. des lat. Lemmas vgl. Thes. VII,2,601,11ff.); *zur Bed. von iudex vgl. Niermeyer, Lex.*[2] *1,735ff.*;

β) *bez. auf den Hauptmann von Kapernaum:* uuas ... sum rihtari, thes sun uuas sioh, in Capharnaum *erat quidam regulus, cuius filius infirmabatur, Capharnaum* T 55,1 (*z. St. vgl. auch* O 3,2,3 *s. v.* kuning I 1bβ, *Ahd. Wb. 5,495*); *ferner:* 4 (*regulus*);

γ) *bez. auf geistig herausragende Menschen* (*heidnische Philosophen*): iro (*der Ungerechten*) rihtara sint fertiligot ze Christo gebotene. Platonis unde Aristotelis lera netugen . so man euangelium Christi darazuo biutet *absorpti sunt iuncti petrae iudices eorum* [*vgl. comparati iudices, magni, potentes, docti ... tamquam iudicantes de moribus, et sententiam proferentes ... Aristoteles ... Pythagoras ... Plato ... compara auctoritatem illorum auctoritati evangelicae, Aug., En., PL 37,1828*] NpNpw 140,6;

b) *im antiken u. christl. Vorstellungsbereich, von Gott:*

α) *als Weltenlenker:* stille rihtare . die zaligen uuella . unde mit al solemo fride . du diu himelisken ding rechenost . so recheno diu irdisken . ketuo samostaten frido in erdo . so in himele *rector comprime rabidos fluctus . et firma stabiles terras . i. homines . foedere . quo regis inmensum caelum . i. angelos . vel sydera* Nb 40,14/15 [32,27]. guot rihtare ist . ter dia uuerlt metemet *bonus mundum rector temperat* 269,19 [209,28]. selben unsere fienda die pagani sint . iehent einen rihtare uuesen allero uuerlte *inimici* [*vgl. omnes enim gentes, quamquam varia colant idola, unius dei potentia mundum regi confitentur, Sg 27*] NpNpw Cant. Deut. 31. fone diu skinet . taz si (*die Welt*) rihtare habit . fone des uuillin iz keskihet . unde so ordenhafto uerit *igitur consilio hic mundus administratur* Ns 614,20 [295,19]; *ferner:* Nb 48,26. 214,30. 227,16. 269,1/2 [39,16. 174,26. 183,15/16. 209,17] (*alle rector*). Ns 613,26 [294,12] (*regere*);

β) *als Seelsorger:* uuer ist ouh . ter guot inne halte . unde ubel uz tribe . âne got tero menniskon muoto rihtare . ioh arzenare? *quis autem alius vel servator bonorum . vel malorum depulsor . quam rector ac medicator mentium deus?* Nb 283,24 [219,1].

2) *Richter:*

a) *im weltlichen Bereich:* (*die Bösen*) antuuurtin sih furenomes tara dien leidaren . ioh tien rihtaren *se totos accusatoribus . iudicibusque permitterent* Nb 266,7 [207,26];

b) *im christl. Vorstellungsbereich, von Gott:* saligiu uuituuua, du selbon got habest rihtare unde piskirmare *benedicta es, vidua, quia ipsum dominum habes iudicem et defensorem* S 156,7. got der rehte richtare ist . uuanda er mannelichemo nah sinen uuerchen lonot *deus iudex iustus* NpNpw 7,12 (*z. St. vgl. Kettler, Gericht S. 11f. 57*).

Komp. kuni(n)g-, lantrihtâri; *vgl.* lantrehtâri, reitrihtâra.

Vgl. Hildebrandt, in: Festschr. Schmidt-Wiegand S. 246ff., LMA 7,833f., RGA 24,576f.

[Woitkowitz]

-rihte *mhd. st. f. vgl.* anrihte.

ge-**rihte** *mhd. st. n., nhd.* gericht; *mnd.* gerichte, *mnl.* gerechte.

ge-richte: *nom. sg.* Gl 3,372,50 (*Jd*).

(*angerichtete*) *Speise, Gericht: ferculum* (*zwischen Bez. für Speisen u. Nahrungsmittel; vgl. Mlat. Wb. IV,145,37ff.*).

Vgl. rihti[1] *st. n.*

rihten *sw. v.* (*zu* -ôn *s. u.*), *mhd.* rihten, *nhd.* richten; *as.* rihtian, *mnd.* richten, *mnl.* rechten, richten; *afries.* riuchta; *ae.* rihtan; *an.* rétta. – *Graff II,419ff.*

riht- (*zu den Präteritalformen ohne* -i- *vgl. Braune, Ahd. Gr.*[16] *§§ 66. 363 Anm. 4c u. 365*)**:** *2. sg.* **-is** H 6,2,3. 25,1,2. O 5,24,14; **-ist** Npw 118 L,84; **-est** Nb 176,20 [148,28]. Nc 834,24 [155,19] (*lat. conj.*). NpNpw 2,9. Np 72,18 (*lat. perf.*). 79,2. 118 L,84. Cant. Abac. 8. Npw 7,10. WC 119,5 [213,19]; *3. sg.* **-it** Gl 1,42,34 (*PaK*). 690,49 (*M, 2 Hss.*). 2,235,49 (*Rc*). 4,6,15 (*Jc*). 23,67 (*Jc*). T 8,3. O 2,4,67 (*FPV*). 3,18,8. 4,5,36. 28,12. 5,1,40. 44. Ol 2. 4. 67; **-et** S 169,4. 5. Nb 21,7. 122,25. 125,27 (2). 196,21. 213,23 (2). 214,23. 274,28 [17,11. 105,29. 108,13. 14. 163,24. 174,5 (2). 22. 213,8/9]. NpNpw 22,1. 32,16. 47,15. 102,6. 139,13. Np 67,6. 18. 88,5. Npw 44,8. W 32,9 (*C*). 133,8 [69,30. 237,27]; *2. pl.* **-ent** Nb 167,15 [141,4] (*zur spätalem. Endg. vgl. Braune a. a. O. § 308 Anm. 3*); *3. pl.* **-ent** S 156,6. O 4,19,11 (*FP, -t hinzugeschr. V*). NpNpw 105,3. 106,24. Np 90,3; **-ant** Gl 2,755,22. 4,5,27 (*Jc*); *1. sg. conj.* **-e** O 2,13,8; *2. sg. conj.* **-est** S 187,64; *3. sg. conj.* **-e** Gl 2,113,41 (*M, 4 Hss.*). H 3,5,1. 8,9,4. O 1,10,26. 26,14. 4,1,5 (*PV*). Os 39. Nb 46,10. 48,25. 210,18. 26 [37,14. 39,14. 172,11. 16]; *3. pl. conj.* **-en** Gl 2,113,42 (*M*); *2. sg. imp.* **-i** H 26,11,3. O 1,2,32. 3,7,1. Oh 7; **-e** NpNpw 26,11. 27,9. 138,24. Np 5,11; *2. pl. imp.* **-et** O 1,23,27. 27,42; **-int** Npgl 97,6 (*zur spätalem. Endg. vgl. Braune a. a. O. § 313 u. s. o.*); *inf.* **-en** Gl 1,113,11 (*R; -h- aus* n *korr.*). 211,12 (*K*). S 156,2. O 1,10,20. Nb 46,10. 215,3. 219,6. 268,15 [37,13. 174,28. 177,9. 209,7]. Np 77,20. 80,13; **-an** Gl 1,692,50 (*M, 2 Hss.*); **-in** Npgl 75,1; *gen. sg.* **-ennes** Nb 214,26 [174,23]. Nc 790,18 [108,7]; *dat. sg.* **-anne** S 202,2 (*B*); **-enne** 201,32/33 (*B*). Nb 150,30. 213,5 [127,28. 173,25]. NpNpw 9,Diaps. 18. Cant. Zach. 79; *part. prs.* **-enti** Gl 1,241,37 (*Ra*). T 19,3; **-endi** Gl 1,241,37 (*K*). 270,1 (*K*); **-inde** Npgl 44,8 (2). 79,2; *nom. sg. f.* **-entiu** Npw 44,8; *1. sg. prt.* **-]** O 3,20,123 (*mit Apokope vor vokalischem Anlaut*); *2. sg. prt.* **-ost** Np 22,5; **-est** Npw ebda.; *3. sg. prt.* **-a** Gl 2,123,3 (*M, 4 Hss.*). 281,33 (*M, 5 Hss.*). Thoma, Glossen S. 17,23. O 1,3,11. 16,3. 2,7,8. 11,42. 3,18,38. Oh 28 (*V; -a auf Rasur*). Ol 59. NpNpw 17,36 (2). Np 9,8. 17. Npgl 79,1; **-e** Gl 2,123,4 (*M*). Npw 9,9. 18; **-]** O 1,3,50. 10,5. 9. 3,5,5 (*PV; alle mit Apokope vor vokalischem Anlaut*); *3. pl. prt.* **-un** Gl 1,397,54 (*M, 3 Hss., 1 Hs. -vn*). S 1,4 (*Hildebr.*); **-on** Nb 150,28 [127,26] (-ôn). Np 56,7. 63,4. 118 O,110. 139,6. 141,4 (2); **-en** Npw 118 O,110. 139,6. 141,4 (2); *3. sg. conj. prt.* **-i** Gl 1,456,37 (*clm 9534, Hs. 9. Jh.*). S 170,58. O 2,1,13. Nc 763,2 [79,5]. Np 24,8; **-e** Npw ebda.; *3. pl. conj. prt.* **-in** Gl 2,164,30 (*clm 6277, Hs. 9. Jh.; lat. conj. prs.*); **ka-:** *part. prt.* **-it** 1,493,12 (*Rb*). 2,309,4 (*Rb*); *nom. sg. m.* **-er** S 230,32 (*B*); *acc. pl. m.* **-e** Gl 2,229,44 (*S. Flor. III 222 B, Gll. 9. Jh.? Wien 949, 9. Jh.*); *acc. pl. n.* **-iu** 102,43/44 (*clm 19417, 9. Jh.*); **ki-:** *Grdf.* **-it** S 216,24. 261,2 (*beide B*); *nom. sg. m.* **-er** Gl 1,410,75 (*Rb*); *nom. sg. n.* **-az** S 259,14 (*B*); *dat. pl.* **-an** Gl 2,593,74 (*Zürich Rhein. 62, Hs. 12. Jh.; zu -an vgl. Braune a. a. O. § 248 Anm. 11*); **ke-:** *Grdf.* **-it** S 191,35. 201,6 (*beide B*); **-et** 169,12 (2, *1 Beleg -&*). Np 36,23. Npw 32,1; **ga-:** *acc. pl. n.* **-iu** Gl 2,102,43 (*2 Hss., darunter clm 14747, 9. Jh.*). 116,53 (*M; -iv*); **gi-:** *Grdf.* **-it** 1,500,9 (*M*). 2,164,21 (*clm 6277, Hs. 9. Jh.*); **-et** 1,371,7 (*M*). 492,63 (*M*). 704,40 (*M, 2 Hss., -&*). 2,117,43 (*M*). Npw 36,23. 118 Q,128. 140,9; **-id** Gl 4,301,44 = Wa 59,39/40 (*Ess. Ev.*); *nom. sg. m.* **-er**

7. (*Gott*) rihte iue pedi (*sc. Lebensweg*) thara (*in das Himmelreich*) Os 39.

4) *über jmdn./etw.* (*mit Hilfe von jmdm.*) *herrschen, jmdm./einer Sache leitend vorstehen, auch etw. verwalten:*

a) *mit Akk. d. Pers., auch substant., bei belebtem Subj.:* der husherro rihtet die imo untertanen S 169,5. rihta gener (*König David*) scono thie gotes liuti Ol 59. so tribent sie (*die Weisen*) daz ambaht iro uuistuomes skinbaror ... ube iro saligheit . unz sie den liut rihten sulen . hina ioh under die uzeren gemaret uuirt *sic clarius ... tractatur officium sapientiae . cum transfunditur quodammodo beatitudo regentium . in contingentes populos* Nb 268,15 [209,7]; *hierher auch:* indi uuizzi (*der Abt*) danta der intfianc selo ze rihtanne karauue sih ze rediun ze arkebanne in tage dera suana *sciatque quia qui suscepit animas regendas parit se ad rationem reddendam in die iudicii* S 202,2 (*l. paret statt parit, vgl. Daab S. 19 Anm. 56;* selo *ist als Akk. Plur. von* rihten *abhängig, vgl. auch Daab S. 200, nach Wedel, Aktionsarten S. 295. 297 dagegen von* intfâhan), *ähnl.* 201,32/33 (*regere*); *substant.:* noh taz rihten neuuare salig . tanne . so iz tero uuideronton geduuing uuare . nals tero gehorigon heili *nec beatum regimen esse videretur . si quidem foret iugum detrectantium . non salus obtemperantium* Nb 215,3 [174,28]; *Glosse:* rihta pefola*han* [(*Joseph*) *a quo* (*Potiphar*) *praepositus omnibus*] *gubernabat creditam* [*sibi domum* (*'Hausgemeinschaft'*), *et universa quae ei tradita fuerant, Comm. in Gen. 39,4 = Gen. 39,4*] Thoma, Glossen S. 17,23; – *spez. von Gott/Christus:* unser herro der heilige Christ, der dir rihtet alla, die er kiscuof [*vgl. conditor noster, qui regit quos condidit, Greg., Hellgardt, Pred. S. 87*] S 169,4. kehal*tan* tua folh liut thinaz *truh*tin ... *in*ti rihti sie *salvum fac populum tuum, domine, ... et rege eos* H 26,11,3, *z. gl. St.* NpNpw 27,9. Bethleem ... fon thir quimit tuomo, thie rihtit min folc Israhel *Bethleem ... ex te enim exiet iudex, qui reget populum meum Israhel* T 8,3. druhtin min ... nu rihti mih gimuato, zi thisu mir then hugu dua ... thaz ih hiar gizeine, waz thiu thin gouma meine O 3,7,1 (*zum finalen* thaz-*Satz vgl. Ahd. Wb. 2,341 s. v.* thaz 3. Teil C I 1a). tie (*alle Völker*) rihtest tu mit iseninro gerto . daz chit mit unuuendigemo rehte *reges eos in virga ferrea . id est inflexibili iustitia* NpNpw 2,9 (*zu* gerta *vgl. Ahd. Wb. 4,236 s. v.* gerta 4d). truhten selbo rihtet mih . chit ęcclesia de Christo . unde niehtes ne bristet mir *dominus regit me et nihil mihi deerit* 22,1. sie sint gotes reita . be diu sizzet er an in . be diu rihtet er sie . unz er sie bringet an ende *currus dei* [*vgl. multitudinem sanctorum atque fidelium ... regendo perducit in finem tamquam currum suum, Aug., En.*] Np 67,18. hier ist irdisciu geburt . an dero sizzet got . vuanda er rihtet sia [*vgl. nisi enim sederet in nobis, non nos regeret, Aug., En.*] 88,5. dine euuangelistę die du rihtest [*vgl. te regente, Beda super cant. Habac.*] Cant. Abac. 8 (Npw ritist); *ferner:* NpNpw 47,15 (*regere*). Np 79,2 (*regere*). 80,13;

b) *mit abstr. Akk., auch substant.:*

α) *bei belebtem Subj.:* muat stiurre inti rihte kadiganemu triuaftemu lihamin *mentem* (*Gott*) *gubernet et regat casto fideli corpore* H 3,5,1 (*der Abl. ist lokal zu fassen, vgl. Siewerts S. 194*). Ludowig ... ostarrichi rihtit al, so Frankono kuning scal Ol 2; *ferner:* 67; *substant.:* (*Urania zur Philologia:*) tar sihest tu . uuio getan dero goto fliht si . unde uuelih scaf iro rihtennes si *quae sit cura . i. providentia diis . vel modus . s. gubernandi aspicies* Nc 790,18 [108,7]; *Glossen:* rihte [*zu: Asianae quoque dioeceseos episcopi, ea solum quae sunt in Asiana dioecesi*] *dispensent* (*Hss. dispenset*) [*Conc. Const. CLXIV p. 133, oder zu: illa, quae sunt per unamquamque provinciam, ipsius provinciae synodus*] *dispenset* [*ebda.*] Gl 2,113,41. gab ł rihta [*unum ergo talentum ... illi dari debuit qui bene exteriora quae acceperat,*] *ministravit* [*Greg., Hom. I,9 p. 1466*] 281,33; – *spez.: von Gott/Christus:* euuigo rachono felahanto naht tac ioh ther rihtis *aeterne rerum conditor, noctem diemque qui regis* H 25,1,2. thu druhtin rihti wort min O 1,2,32, *ähnl.* 4,1,5. (*Christus*) rihtit thaz in worolt ist 2,4,67. ther rihtit himilrichi 5,1,44. fone demo io alle gaskefte sint . unde gerihte uuerdent . ten heizo ih ... got *quo condita manent . atque agitantur . i. reguntur ... deum nomino* Nb 212,10/11 [173,14] (*zu* gerihte *s. Formenteil, zum Textzushg. vgl. Hehle, Boethius S. 196*). dannan (*sc. vom Kreuz aus*) habet er (*Christus*) gerihtet orbem terrę . der furder intrihtet neuuirdet *correxit orbem terrae qui non commovebitur* Np 95,10; *erw. mit* thuruh + *Akk. d. Pers.:* duruc sun alliu rihtis *per filium cuncta regis* H 6,2,3; – *hierher vielleicht auch, Glosse:* rihtan [(*Lysias zu König Antiochus:*) *incumbit nobis*] *ordinare* (*corrigere, vgl.* Gl 5,426,30) [*de regno, 1. Macc. 6,57*] Gl 1,692,50 (*nach Arndt 2,1362 „für das Reich Sorge zu tragen"; 3 Hss.* girihten; *vgl. noch* 13);

β) *bei abstr./sachl. Subj.:* thaz (Frankono lant) rihtit ... thiu sin (*König Ludwigs*) giwalt Ol 4. uuio salig tu (*Menschheit*) bist . ube din muot rihtet . tiu minna . diu den himel rihtet *o felix genus hominum . si amor quo caelum regitur . regat vestros animos* Nb 125,27 [108,13. 14]. der skimo gotes uuistuomes . ter den himel rihtet . unde festenot *splendor quo regitur vigetque caelum* 196,21 [163,24]. tiu (*die ordnende Kraft des göttlichen Geistes*) ... rihtet anderiu ding . in manigfalta uuis *haec . s. stabilitas ... multiplicem regendis rebus modum statuit* 274,28 [213,8/9]. uuandon . daz nehein gotes prouidentia dia uuerlt nerihti . unde alliu ding âne ordena tuuarotin Nc 763,2 [79,5]; – *bei sachl. Subj.:* êr mano rihti thia naht O 2,1,13. daz hoibet rihtet caetera membra [*vgl. caput ... subdita membra regit, Expos.*] W 133,8 [237,27]; *ähnl.* 32,9 [69,30];

c) *mit Akk. d. Sache:* fureburtig man ist rex . uuanda er rihtet sinen lichamen [*vgl. regem dicit hominem continentem, qui quamvis regat corpus suum miseratione divina, Cass.*] NpNpw 32,16 (*z. St. vgl.* kuni(n)grihtâri, *Ahd. Wb. 5,501 f.*).

5) *etw. an etw./jmdm. ausrichten, mit Akk. d. Sache/abstr. Akk. u. Präp.verb.: mit* in + *Dat. d. Sache/abstr. Dat.:* der uuinkarte pizeichinet die gotis e, in der dir kisezzet unde kerihtet uuerdent elliu reht, also diu uuinreba keriht*et* vuirdit in demo scuzzelinge [*vgl. vineam enim hic iustitiam vult intellegi, in qua diversae species iustitiarum positae sunt, BH, Hellgardt, Pred. S. 87*] S 169,12 (*zu* in *in lokaler-modaler u. lokaler Funktion vgl.* in 1. Teil A V 1 *u.* I 4, *Ahd. Wb. 4,1532. 1514*); – *mit* nâh + *abstr. Dat.:* lob gezimet rehten: also die sint die iro uuillen kerihtet habent nah gotes uuillen [*vgl. qui dirigunt cor secundum voluntatem dei, Aug., En.*] Npw 32,1 (Np gerertet; *zur entstellenden Wiedergabe von* Np *durch* Npw *vgl. Heinzel, Ausg. S. XXVIII;* nâh *wurde in der Bed. 'gemäß' gefaßt*).

6) *jmdn./etw.* (*mit Hilfe von etw.*) *auf den rechten Weg bringen, bessern:*

a) *mit Akk. d. Pers.:* gerihtit uuerden sculente*n* [*sacerdotes ... si ab eis* (*sc. Völkern*)] *corrigendis* [*ab-*

sistunt ... ipsi sibi causa suae perditionis existunt, Pom., De vita contempl. I,22 p. 438A] Beitr. (Halle) 85,111,181e; *erw. mit* mit + *abstr. Dat.:* ih bito ouh umba alla die, die der ... vonna mir giwirsirit ... wurtin, daz tu (*Gott*) sie rihtest ... mit dinero guoti *deprecor simul pro illis, quos ... depravavi, quatenus per bonitatis tuae effectum aliquomodo ... corrigantur* S 187,64;

b) *mit abstr. Akk. u.* mit + *abstr. Dat.:* ih nechido nieht arge site geandot uuerden . unde mit puozo gerihtet uuerden . daz tes ioman uuane *neque id nunc molior. quod cuivis in mentem veniat. corrigi ultione pravos mores. et ad rectum supplicii terrore deduci* [*vgl. ad rectitudinem, Rem.*] Nb 258,16 [203,5].

7) *jmdn. zurechtweisen:*

a) *im Passiv:* vnfruater vuortum nist kerihtit *stultus verbis non corregitur* S 201,6 (*zu corregere als Nebenform von corrigere vgl. Mlat. Wb. II,1926,53*). .. lastarlihher karihter .. *si ... quis (sc. decanus) ... repertus fuerit reprehensibilis, correctus semel et iterum adque tercio* 230,32; *hierher auch* (?): girichte *correpti* Gl 4,138,14 (*vgl. Mlat. Wb. II,1931,1 u. 23f. s. v. corripio, vgl. auch Reg. S. Ben. 28, Überschr.*);

b) *Glossen ohne erkennbare Rektion:* manot rihtit *corrigit* (*darunter monet, Anm.*) Gl 4,6,15; *zu vielleicht aus corrigere entstelltem corruere 'zu Fall kommen, stürzen', auch 'verdrehen, entstellen'* (*vgl. Mlat. Wb. II,1942,68*) *hierher auch* (?): rihtant *corruunt* 5,27 (*z. St. vgl. Krotz S. 354,128*).

8) *etw./jmdn. irgendwohin/zu jmdm. senden, schicken:*

a) *im Passiv bei sachl. Subj.* (*u. Dat. d. Pers. im Lat.*), *in bruchstückhafter Übers.:* .. eouueht kirihtaz ist *si etiam a parentibus ei (dem Klosterschüler) quicquam directum fuerit* S 259,14;

b) *im Passiv bei abstr. Subj. u. mit Präp.verb.:* in + *Akk. d. Pers.:* inti kirihter uuard atum truhtines (*sc. Geist des Herrn*) in David *et directus [est] spiritus domini [...] in David* [*1. Reg. 16,13*] Gl 1,410,75; – *mit* zi + *Akk. d. Pers.:* ze dih (*vgl. Masser, Komm. Ben.reg. S. 73*) keuuisso nu mir uuort ist kerihtit *ad te ergo nunc mihi (mihi für meus, vgl. Linderbauer S. 101f.) sermo dirigitur* S 191,35 (*der Dat. d. Pers. beruht auf Nachbildung der verderbten lat. Konstr.*);

c) *mit Akk. d. Pers. u.* zi + *Dat. d. Pers.:* riht er (*Gott*) zi uns ouh heilant, thaz unsih midi fiant O 1,10,9;

d) *mit Akk. d. Pers.* (*u. Präp.verb. im Lat.*), *in bruchstückhafter Übers.:* dea .. sint kirihtit *qui in via diriguntur* S 261,2.

9) (*jmdm.*) *etw.* (*her*)*richten, bereiten, mit Akk. d. Sache/abstr. Akk.* (*u. Dat. d. Pers./Dat. d. Sache*):

a) *von Sachlichem:* Hiltibrant enti Hađubrant ... iro saro rihtun, garutun se iro gudhamun S 1,4 (*z. St. vgl. Lühr, Hildebr. S. 404f.*); – *Glossen:* girihtemo *conposito* [*... paratu (sc. Vorrichtung) martyris ad paenam, Prud., P. Hipp. (XI) 105*] Gl 2,437,46; uuola girihtit *gut bestellt* (?), *von Landgütern* (*oder zu 17 'ausstatten'*): otagiu kamachiu uuela gasezzaniu odo uuela garihtiu [*sunt quidam fratres ..., qui non in ea civitate, in qua videntur episcopi esse constituti, vel certe parvam rem illic habeant, alibi autem*] *idonea* [*praedia habere cognoscuntur, Conc. Sard. XV p. 140*] 102,43 (*in einer Glossenreihe zur Umschreibung des Kontextwortes lat. idoneus; zu idoneus auch in der Bed. 'wohlhabend' vgl. Mlat. Wb. IV,1235,4*). 116,53;

b) *in Verbindungen:* fâra rihten *jmdm. einen Hinterhalt legen:* pogen spienen sie . daz chit rihton imo tougene fara *intenderunt arcum rem amaram* [*vgl. arcum dicit insidias, Aug., En.*] Np 63,4 (*vgl. Götz, Dt. S. 93 s. v.* tougen); – nezzi rihten *ein Netz* (*aus*)*legen:* ia nerihtent ir nieht iuueriu nezze . ufen dien bergen zefisconne *non abditis laqueos altis montibus. ut ditetis dapes pisce* [*vgl. abditis: absconditis . ponitis, X; laqueos: retia vel hamos, X*] Nb 167,15 [141,4]; – phad/uuega rihten (*jmdm.*) *den Weg bereiten, übertr.:* (*Zacharias:*) chind min, thu (*Johannes*) bist forasago sin, thu scalt druhtine rihten wega sine [*vgl. parare vias eius, Luc. 1,76*] O 1,10,20. thie wega rihtet alle, the ze herzen iu gigange, mit werkon filu rehten [*vgl. parate viam domino, Marg. nach Luc. 3,4*] 23,27. rihtet gote sinan pad [*vgl. dirigite viam domini, Joh. 1,23*] 27,42; *ferner:* 3,50. 2,7,8; – stric rihten *einen Fallstrick, eine Schlinge* (*aus*)*legen:* laqueum (strich) rihta er (*der Sünder*) . an demo haftet er [*vgl. quia unusquisque laqueum quem alteri parat ad cadendum ipse prius in eo cadet, Brew.*] NpNpw 9,17 (= Npw 18). vbermuote rihton mir striccha *absconderunt superbi laqueos mihi* [*vgl. ponunt ... funes, Cass.*] 139,6. pehuote mih fore demo stricche . den sie mir gerihtet habent unde fore demo irriden dero unrehton *custodi me a laqueo quem statuerunt mihi. et ab scandalis operantium iniquitatem* 140,9. sie rihton mir tougeno strig chit Christvs . an demo uuege . an demo ih kieng in innocentia *in via hac qua ambulabam absconderunt laqueos mihi* 141,4. minen fuozzen rihton sie strigh *laqueum paraverunt pedibus meis* Np 56,7. diabolus et angeli eius sint uenatores (uueidenara) . die rihtent laqueos (striccha) an manigen illecebris . daz chit an manigen lucchedon [*vgl. venantes tendunt muscipulas, Aug., En.; qui ad capiendas feras retium laqueos ponunt, Cass.*] 90,3; *ferner:* NpNpw 118 O,110 (*ponere laqueos*); – bisuuîh rihten *jmdm. einen Hinterhalt legen:* aber doh umbe iro besuichen . rihtest du in bisuuih *verumtamen propter dolos posuisti eis* (*. s. dolos*) Np 72,18; – tisc(i) rihten (*jmdm.*) *etw. zu essen auftischen* (*vgl. DWb. XIV,875; zum Plur. vgl. ZfdA. 32,81*): manige uuituuun uuaren in demo zite Heliȩ, dere nehein nekarneta imo ira disg rihten *apparavit illi mensam* S 156,2. rihtost du mir tische *parasti in conspectu meo mensam* NpNpw 22,5; *ferner:* Np 77,20 (*parare mensam*); – *Glosse:* (*ein Mahl*) *vorbereiten:* rihtant [*virgines ... quae convivia sumptuosa*] *disponunt* [*, quae una pariter discumbunt, Sulp. Sev., Dial. 2,12 p. 195,9*] Gl 2,755,22.

10) *etw. verbessern:*

a) *etw. ausbessern, mit Akk. d. Sache:* (*Jesus*) gisah ... zuene bruoder ... rihtenti iro nezi *vidit ... duos fratres ... reficientes retia sua* T 19,3;

b) *etw.* (*eine Aussage, einen Text*) *inhaltlich verbessern, berichtigen:* sin karihtit [(*Esther zum König:*) *obsecro, ut novis epistulis, veteres Aman litterae ...*] *corrigantur* [*Esth. 8,5*] Gl 1,493,12. girihti [*dummodo mihi, meisque permittant pauperes habere schedulas, et non tam pulchros codices, quam*] *emendatos* [*Job, Praef.*] 500,9 (*5 Hss.* gireht). girihta [*si cui sane septuaginta interpretum magis editio placet, habet eam a nobis olim*] *emendatam* (*1 Hs. -a*) (*correcta, vgl.* Gl 5,425,1) [*Prov., Prol.*] 528,6.

11) *etw./jmdn. in eine Ordnung bringen, ordnen, regeln:*

a) *von Sachlichem u. Abstraktem:* girithter [*nobis gratulationem facit ecclesiarum status salubri dispositione*] *compositus* [*Decr. Leon. Praef. p. 222*] Gl 2,130,12. karihte [*interior namque est custodia, quae*] *ordinata* [*servat exteris membra, Greg., Cura 3,23 p. 71*] 229,44;

b) *von Abstraktem:* girihten [*contigit autem per universam Ierosolymorum civitatem videri ... per aera equites discurrentes ... et cursus equorum per ordines*] *digestos* (*1 Hs. -um*) [*2. Macc. 5,3*] Gl 1,701,9 (*1 Hs.* ordinôn). rihtit [(*Gott*) *cum praeceptis ... vitam nostram ...*] *disponit* [*Greg., Cura 3,24 p. 73*] 2,235,49;

c) *von Menschen:* girihten [*Machabaeus,*] *ordinatis* [*circum se sex millibus, et constitutis per cohortes, adversus Timotheum processit, 2. Macc. 12,20*] Gl 1,704,39. kirihtan [*cum*] *dispositis* [*bifida agmina longe* (*Concordia*) *duceret ordinibus, Prud., Psych. 647*] 2,593,74.

12) *etw. bestimmen, eine Entscheidung über etw. treffen:*

a) *mit abstr. Akk.:* rihtis selbo thu (*Herr*) then dag, then man biwankon ni mag O 5,24,14;

b) *mit Adv.:* uuie si rihtin [*qui de rebus quoque dubiis semper ad tabernaculum recurrit, ... exemplum proculdubio rectoribus praebens, ut cum foris ambigunt*] *quid disponant* [*, ad mentem semper quasi ad tabernaculum redeant, Greg., Cura 2,5 p. 19*] Gl 2,164,30; *Glosse ohne erkennbare Rektion:* rihta [*directa ad decessorem nostrum ... relatio, me iam in sedem ipsius constitutum, quia sic dominus*] *ordinavit* [*, invenit, Decr. Sir. Praef. p. 190*] 123,3.

13) *jmdn. über etw. in Kenntnis setzen:*

a) *mit Akk. d. Pers. u. Nebens.:* tho riht unsih thiu redina, thaz wir uns warten thanana, thaz suht ni derre uns mera then lidin joh thera sela [*vgl. quibus verbis aperte demonstratur, quia propter peccata languebat; ... unde et caute praemonuit, ne amplius peccando gravioris sibi sententiam damnationis contraheret, Beda u. Alc. zu Joh. 5,14*] O 3,5,5. ther loz, ther rihtit unsih al, weliches siu (*Jesu Tunika*) wesan scal [*vgl. sortiamur de illa, cuius sit, Joh. 19,24*] 4,28,12;

b) *mit Akk. d. Pers. u. pronom. Gen.:* er (*Jesus*) gab in (*den Juden*) thes mit thulti suazaz antwurti, rihta sies ... thoh wiht sies ni firnamin O 3,18,38. waz wollet ir nu ... thes? ih riht es iuih alles [*vgl. dixi vobis iam, Marg. nach Joh. 9,27*] 20,123. thie selbun rihtent es thih, joh wisduent thih es alles, in thiu sies fragen wolles [*vgl. hi sciunt, quae dixerim ego, Joh. 18,21*] 4,19,11;

c) *Glosse:* girihtet [*si ... de hoc capitulo iustum est, ut beatissimae sedis episcopus*] *informari* [*debeat, Conc. Carth. Praef. p. 143*] Gl 2,117,43.

14) *rechtfertigen:* Zaheus rehthaft edho reht edho rihtendi *Zachaeus iustificatus aut iustus vel iustificando* Gl 1,270,1 (*zur lat. Quelle der Namendeutung vgl. Splett, Stud. S. 411*).

15) (*über jmdn.*) *Gericht halten, Recht sprechen* (*vgl. RGA 24,217 s. v. Recht*):

a) *mit* ubar + *Akk.:* rihte got uber sie *iudica illos* (*die Feinde*) *deus* Np 5,11 (Npw irteili sie);

b) *substant. Inf.:* sin pretorium ... sin tentorium . tar er (*der Konsul*) inne saz ad iudicandum et contionandum . taz chit zerihtenne . unde zesprachonne Nb 150,30 [127,28].

16) *jmdm. zu seinem Recht verhelfen, mit Dat. d. Pers.:* die den uuituuun nerihtent noh uueisen negnadent, die irteilo ih selbo *causas viduarum non iudicantes et pupillos non miserantes iudicabo vos* S 156,6. zerihtenne demo uueisen unde demo diemuoten *iudicare pupillo et humili* NpNpw 9,Diaps. 18. salige die gerihtes huotent ... Daz sint die anderen rihtent *beati qui custodiunt iudicium* [*vgl. custodire ... iudicium est, qui inter alios recte iudicat, Cass.; qui recte iudicat, Aug., En.*] 105,3. ih pechenno daz got dien unehtigen rihtet . vnde er gerih tuot dero armon *cognovi quia faciet dominus iudicium inopum . et vindictam pauperum* 139,13. sundige uuerdent ferstozen fone sinemo anasiune . der uueison fater ist . unde uuituon rihtet *turbabuntur . a facie eius . patris orphanorum et iudicis viduarum* Np 67,6; *ferner:* NpNpw 102,6. 118 L,84 (*beide facere iudicium*).

17) *jmdn. ausstatten* (*?*): gerihten [*Ioannem Baptistam ... mira sanctitate*] *praeditum* [*populus viderat, illum hunc esse singulariter celsum ac solidum montem credebat, Greg., Hom. I,20, PL 76,1161D*] Mayer, Glossen S. 39,18 (*oder ist, ausgehend vom Kontext, in dem Johannes aufgrund seiner Heiligkeit mit einem hochragenden Berg verglichen wird, eine Bed. 'aufgerichtet' anzunehmen, vgl. 2*).

18) *unsicher, unklar:*

a) *etw. verdrehen* (*?*): girihtet werdint [*quo modo malis quorumdam suggestionibus regum studia*] *depraventur* [*Esth. 16,7*] Gl 1,492,63 (*2 Hss.* giirrit uuerdan, *5 nur* giirrit; *Wortersatz* (*?*), *oder als Verlesung u. Entstellung zu* irren, *Nachtrag*). rihtant *corruunt* 4,5,27 (*zu corruere 'verdrehen, entstellen' vgl. Mlat. Wb. II,1942,68; oder corruunt entstellt aus corrigunt* (*?*), *vgl. dann* 7, 10, 11; *vgl. noch* Gl 4,6,15 *in ders. Hs. unter* 7b);

b) *jmdn. einsetzen* (*?*): girihter [*dixerunt Mathathiae: Princeps ... es in hac civitate, et*] *ornatus* (*4 Hss. ordinatus, 1 Hs. -tis*) [*filiis, et fratribus, 1. Macc. 2,17*] Gl 1,690,33 (*1 Hs.* gireht; *Arndt 2,1335 übersetzt lat. ornatus mit „mächtig* (*durch Söhne u. Brüder*)*"; zu ornatus als Part. vgl. noch griech.* στηρισμένος *'gefestigt, gestützt, fest gerichtet'; oder ist ordinatus im Sinne von 'wohl geordnet, eingerichtet' glossiert* (*?*)*; nach Gl.-Wortsch. 7,409 s. v.* girihten *'eingebunden'*);

c) *Glossierung von dirigere in Verwechslung mit dirigare 'etw.* (*Flüssiges, Ausscheidungen*) *ableiten'* (*?*): girihtet werdent [*percutiat ... dominus ... partem corporis, per quam stercora*] *egeruntur* (*Hs. diriguntur*) [*, scabie, Deut. 28,27*] Gl 1,371,7 (*zu lat. egerere 'ausscheiden, abführen' vgl. Mlat. Wb. II,1143,9 ff.; vgl. noch dirigare 'eine Flüssigkeit verteilen', Thes. V,1,1257; 2 Hss.* githouuuit uuerdan ł gilîhtit uuerdan, *davon 1 Hs. digeri; 3 Hss. nur* githouuuit uuerdan); *hierher auch* (*?*): lekendi rihtendi *rigans dirigens* 241,37 (*nach Splett, Stud. S. 355 wird rigare 'das Wasser hinleiten' durch dirigere 'einem Fluß die Richtung geben' erläutert; vgl. noch dirigare 'eine Flüssigkeit verteilen', Thes. a. a. O.*);

d) *Glossenwort:* rihten *dirigere* Gl 1,113,11 (*PaK* girihten). kimezzon stiuren rihten *moderare gubernare regere* 211,12. rihtit *vibrat* [*dirigit, CGL IV,578,46*] 4,23,67. *reget* 157,53.

Abl. rihtâri, riht(i)sal, rihto, rihtunga; riht *andfrk. adj.*; *vgl.* giunrihtit, rihtida, ungirihtit, gerihte *mhd.*; *vgl. auch* -rihtil, -rihtilo, -rihtnissida.

[Woitkowitz]

ana-**rihten** *sw. v., mhd.* anerihten, *nhd.* anrichten; *mnd.* anrichten, *mnl.* aenrechten.

ana-rihdet: *2. pl. conj.* Mayer, Glossen S. 136,13 (*Trier 169, 11. Jh.; lat. 2. pl. imp.*).

rihta ... ana NpNpw 9,8 (= Npw 9) *s.* an(a) 2. Teil B 4, *Ahd. Wb. 1,397 u.* rihten.

etw. (*eine Straße*) *errichten, anlegen:* ir anarihdet [(*Esaias:*) *amplas*] *instruite* [*stratas, omnis sit recta viarum semita, Juv. 1,350, PL 19,106A = Juv. 1,315, CSEL 24 p. 19*] (*zur Glossierung vgl. Ertmer, Juv. S. 368f.*).

Abl. anrihte *mhd.*

bi-**rihten** *sw. v., mhd.* berihten, *nhd.* berichten (*meist in anderer Bed.*); *mnd.* berichten, *mnl.* berechten, -richten; *afries.* biriuchta. – *Graff II,428.*

bi-riht-: *3. sg.* **-et** Npw 139,10; **be-:** *dass.* **-et** Np ebda.; *inf.* **-en** 94,10.

den rechten Glauben annehmen, sich bekehren, mit refl. Akk.: (*die Juden*) sint iemer irre in iro herzen. Soltin sie sih iemer berihten . daz uuare in fierzeg iaren uuorden [*vgl. Iudaei obstinati reperti sunt, qui quadraginta annorum beneficiis acquiescere noluerunt, Cass.*] Np 94,10 (*wohl freie Übers. für* (*beneficiis*) *acquiescere '*(*Gottes Gnadenerweisen*) *Folge leisten'*); – sih zi uuege birihten *den rechten Weg einschlagen:* diabolus ... ter neberihtet sih niemer ze uuege [*vgl. diabolus ... qui numquam ad rectam viam pervenit, Cass.*] NpNpw 139,10.

gi-**rihten** *sw. v., mhd.* gerihten, *nhd.* gerichten; *as.* girihtian, *mnl.* gerechten, -richten; *ae.* gerihtan; *got.* garaihtjan. – *Graff II,423ff.*

ka-riht- (*zu den Präteritalformen ohne -i- vgl. Braune, Ahd. Gr.*^{16} *§§ 66. 363 Anm. 4c u. 365*)**:** *3. pl.?* **-an** Gl 2,344,44 (*clm 6325, Gll. 9. Jh.? clm 19410, 9. Jh.; zur Zuordnung vgl. Raven I,156, zum Fehlen des -t- vgl. Braune a. a. O. § 309 Anm. 4 u. Weinhold, Bair. Gr. § 285, nach Schatz, Abair. Gr. § 159b u. Ulrich, Isidor S. 8. 28 inf.*); *inf.* **-en** 1,112,11 (*Pa;* c-); **-an** S 233,17 (*B*); *3. sg. prt.* **-a** Gl 2,332,21 (*clm 14747, 9. Jh.*); **ki-:** *3. sg.* **-it** S 272,16 (*B; nach Raven I,155 part. prt. zu* rihten); *3. sg. conj.* **-e** Gl 2,684,31. S 173/174 (*vgl.* ZfdA. 135,167,13); *2. sg. imp.* **-i** H 25,7,2; *inf.* **-en** Gl 1,112,11 (*K*). S 173/174 (*vgl.* ZfdA. 135,167,10); **ke-:** *3. sg.* **-it** 279,27 (*B; nach Raven I,155 part. prt. zu* rihten); *2. sg. imp.* **-e** Np 5,9. 89,17 (2). 118 R,133; *inf. dat. sg.* **-enne** S 210,10/11 (*B*); **-anne** 201,15 (*B*); *part. prs. gen. sg. m.* **-entis** Npw 44,7; *acc. pl. m.* **-ente** Npgl 79,1; **ga-:** *inf. dat. sg.* **-anne** Gl 2,256,40 (*M*); **gi-:** *2. sg.* **-is** 184,72 (*M, 4 Hss.*); *3. sg.* **-it** 1,332,25 (*M, 4 Hss.*). 2,173,51 (*clm 6277, Hs. 9. Jh.*); *1. sg. conj.* **-e** 1,632,8 (*M, 6 Hss.*); *2. sg. conj.* **-es** O 3,17,20; *3. sg. conj.* **-e** Gl 2,179,46 (*M, 2 Hss.*). 645,1; *2. sg. imp.* **-i** 426,27. 475,67. O 4,15,17; **-e** Npw 24,5; *2. pl. imp.* **-et** Gl 2,301,54 (*M*). O 5,9,21 (*FP, -t- auf Rasur V*); *inf.* **-en** Gl 1,692,50 (*M*); *dat. sg.* **-enne** T 4,18; *3. sg. prt.* **-a** Gl 1,467,6 (*M, 5 Hss.*). 2,164,14 (*clm 6277, Hs. 9. Jh.*). 473,69 (*2 Hss.*). O 3,20,176 (*FPV*); *3. pl. prt.* **-un** Gl 1,467,18 (*M, 2 Hss.*). 2,651,9. O 4,9,17; **ge-:** *2. sg.* **-is** Pw 66,5; **-es** Np 66,5 (*Ausg.* K.-T. *fälschlich* gerihtest); **-est** NpNpw 7,10 (3). Np 7,10; *3. sg.* **-et** Nb 275,26 [213,25]. Np 24,9. 44,7 (-te- *auf Rasur, vgl.* S. XXIII,10*;* Npw gerehtet). 118 B,9. Npw 39,3; **-**] Gl 1,332,26 (*M, clm 17403, 13. Jh.; mit Synkope von Vokal u. Konsonant vor der Endg., vgl. Weinhold, Mhd. Gr. § 395; oder verschr.?*); *3. pl.* **-ent** Np 11,9; *2. sg. imp.* **-e** NpNpw 5,9. Np 24,5. 89,16. Npw 5,9. 118 R,133; *inf.* **-an** W 32,8 (*C*). 133,7 [69,28. 237,25]; *gen. sg.* **-ennis** Np 44,7; **-innis** Npgl 44,8; *3. sg. prt.* **-a** Np 39,3. 77,8; **g-:** *inf.* **-en** S 186,58. – **gi-richt-:** *inf.* **-en** Gl 1,692,51 (*M*); **ge-:** *dass.* **-en** Pw 2,9; **-an** *WA* 32,8; *zu* -ch- *vgl. Braune a. a. O. § 154 Anm. 4a.* – **gi-ri^htte:** *1. sg. conj.* Gl 1,632,9 (*M; zu* -tt- *vgl. Braune a. a. O. § 161 Anm. 5*). – **gi-rihda:** *3. sg. prt.* Gl 2,552,67 (*Trier 1464, Hs. 10. Jh.; zur Präteritalform ohne* -i- *s. o.*). – **ka-rit-:** *3. sg.* **-it** Glaser, Griffelgl. S. 117,17 (*clm 6300, Gll. 8. oder 9. Jh.;* -t- *unsicher*); **ki-:** *3. sg. conj.* **-e** Mayer, Glossen S. 5,22 (*Augsb. K 4, 10./11. Jh.*); *zum* h-*Schwund vgl. Braune a. a. O. § 154 Anm. 6b.*

Mit einer Form der ôn-*Konjugation, verschrieben:* **gi-richote:** *3. sg. prt.* Gl 1,467,7 (*M, clm 22201, 12. Jh.; zu* -o- *vgl. Matzel S. 88*).

Verstümmelt: **.. a:** *3. sg. prt.* OD 3,20,176.

Verschrieben: **gi-trithtit:** *3. sg.* Gl 1,332,26 (*M*); **ka-rihtiu:** *1. pl. prt.?* 2,746,20 (*clm 14747, 9. Jh.; zur Verschr. vgl. Graff II,425, der* karihtun *vermutet*); **ki-rihtida:** *3. sg. prt.* S 270,7 (*B; s.* kirihti|da*; s.* 8*; zu* kirihti *statt* kirihta (?) *mit später vor der neuen Zeile eingetragenem* da *vgl. Steinm. z. St.; nach Daab S. 200 zu* girihten*; nach Seiler, Beitr. 1,457 zu* girihtida *st. f., vgl. dazu noch* S 234,31 *s. v.* girihtida 6).

keriht Gl 1,387,24 *s.* kêren.

1) *etw.* (*Krummes, Kurviges*) *geradesmachen, bildl.:* girihda [(*Johannes der Täufer*) *curvos viarum qui*] *retorsit* [*tramites et flexuosa conrigens dispendia dedit sequendam calle recto lineam, Prud., H. ieiun.* (*VII*) *48*] Gl 2,552,67.

2) *etw. in die Höhe richten, errichten, aufstellen:*

a) *von Sachlichem:*

α) *etw. aufrichten, aufstellen, mit Akk. d. Sache:* hleitar selbiv ze kerihtenne ist div in traume .. keaugit vvard *scala illa erigenda est quae in somno Iacob apparuit* S 210,10/11; *bildl., Glosse:* karihta *dominus apposuit* [*mihi auriculam, Hier. in Matth. 13,16 p. 104,755 = Is. 50,5*] Gl 2,332,21 (*auriculam apponere 'das Ohr aufrichten'* (*um es für Gottes Wort empfänglich zu machen*)*; anders Vulg.: dominus deus aperuit mihi aurem*);

β) *etw. errichten, aufbauen:* girihte [*seminabo domum Israel et domum Iuda ... et ... vigilabo super eos* (*beide Königreiche*) *ut*] *aedificem* [*, et plantem, ait dominus, Jer. 31,28*] Gl 1,632,8 (*ohne Akk. im Lat.; 1 Hs.* gizimbaren);

γ) *etw. auf-, hinstellen: Glosse:* girihtit [*quando* (*Aaron*)] *collocabit* (*Hss. collocat*) [*eas* (*die Lampen*) *ad vesperum, Ex. 30,8*] Gl 1,332,25 (*clm 22201* gistent, *vgl. dazu Matzel S. 13*);

b) *vom Teufel: sich zu etw. erheben, zu etw. aufstehen, bildl.:* karitit [*ad alia se* (*der Teufel*) *tentationum bella* (*gegen Hiob*)] *restaurat* [*Greg., Mor. in Job 3,1, PL 75,599C*] Glaser, Griffelgl. S. 117,17 (*oder lat. se restaurare ad 'sich für etw. erneuern', so Glaser z. St.*).

3) *einer Sache/jmdm.* (*auch sich*) *eine Richtung geben, etw./jmdn.* (*auch sich*) (*mit Hilfe von etw.*) (*irgendwohin/zu etw.* (*auch zu einem Tun*)*/zu jmdm.*) *ausrichten,* (*hin*)*lenken, steuern, führen:*

a) *von Sachlichem oder sachlich Vorgestelltem: mit Akk. d. Sache u.* in + *Akk. d. Sache/abstr. Akk., spez. von Christus:* uuisota unsih ufgang fon hohi ... zi girihtenne unsera fuozzi in ueg sibba *visitavit nos oriens ex alto* (*Christus*) ... *ad dirigendos pedes nostros in viam pacis* T 4,18; – *Glosse:* (*in den früheren*

Zustand) bringen (? Oder ohne Berücksichtigung der Richtungsangabe im Lat. zu 'errichten', vgl. 2)*:* girihtun [*qui operabantur* ...] *suscitaverunt* (*rexerunt, vgl.* Gl 5,424,39) [*domum domini in statum pristinum, 2. Paral. 24,13*] Gl 1,467,18;

b) *von Menschen:*

α) *mit Akk. d. Pers.* (*auch Nebens.*)/*mit refl. Akk., auch substant.:* dara nah ruofo ih ... umbe alla unsre rihtara, phaffon iouh leigun, ... daz si sih selben megin grihten unte alla in untertana ioh biuolahna *quatenus se sibique subditos valeant regere* S 186,58. (*der Abt*) uuizzi huueo vnsemfta ... racha intfianc ze kerihtanne sela *sciatque quam difficilem ... rem suscepit regere animas* 201,15. *substant.:* kerta gerihtennis (Npw kerihtentis) . ist dines riches kerta *virga directionis virga regni tui* NpNpw 44,7 (*zur entstellenden Wiedergabe von* Np *durch* Npw *vgl. Heinzel, Ausg. S. XXIX; vgl. Thes. V,1,1229,41 f. s. v. directio*). si (*sc.* dines riches kerta, *d. h. Gottes Herrscherstab*) gerihtet die êr chrumb uuaren . unde intuuunden uuanda sie âne in uuolton regnare *virga regni tui* [*vgl. quae dirigit homines . curvi erant, distorti erant, Aug., En.*] Np ebda. (Npw gerehtet*; zu* gerta *vgl. Ahd. Wb. 4,236 s. v.* gerta 4d). du (*Gott*) minnotost reht . unde hazzetost unreht. Dar scinet . daz din uirga (kerta) ist . uirga directionis (kerta gerihtinnis) Npgl 44,8 (Npw gerihtes). psalmus ... kesungener umbe dirigentes (die sih kerihtente) 79,1; – *spez. von Gott/Christus:* thiadi an erthon gerihtis *gentes in terra dirigis* Pw 66,5 (*vgl. Thes. V,1,1245,52 s. v. dirigere*). gerihtest du (*Gott*) den rehten *diriges iustum* NpNpw 7,10. so gerihtest du (*Gott*) in dar (*'dort'*) . so ambitio sęculi neist in corde . noh delectatio carnis in renibus [*vgl. dirigat, Aug., En.*] ebda. du eino gerihtest in dar (*'dort'*) [*vgl. dirigit iustum in ipsa conscientia, Aug., En.*] Np 7,10 (Npw rihtest). er (*Gott*) gerihtet die mamenden in sinero urteildo *diriget mites in iudicio* 24,9 (*vgl. Thes. V,1,1245,51 f. s. v. dirigere*). gerihte iro (*der Juden*) sune . ube die forderen uuerden dispersi . daz sie doh in fine mundi conuersi *respice in servos tuos . i. Iudaeos ... et dirige filios eorum* [*vgl. ut ... filios eorum sancta credulitate recorrigat, Cass.*] 89,16 (*vgl. Thes. V,1,1245,53 s. v. dirigere*); *ferner:* NpNpw 7,10; *mit* in + *Dat. d. Sache/abstr. Dat. zur Angabe des Mittels:* gerichten saltu (*Gott*) si (*alle Völker*) in ruodun isernero *reges eos in virga ferrea* Pw 2,9 (*zu* gerta *vgl. Ahd. Wb. 4,236 s. v.* gerta 4d). in dinero uuarheite gerihte mih *dirige me in veritate tua* NpNpw 24,5 (*oder in präp. in modaler Funktion*);

β) *mit Akk. d. Pers. u. Präp.verb./Adv.: mit* zi + *Dat.:* die chrumbelingun ganten diete . gerihtes du in erdo ze rehtemo uuege *gentes in terra diriges* [*vgl. pravae ... gentes, et tortuosae ... gentes, perversae ... gentes ... diriguntur ut ambulent rectam viam, Aug., En.*] Np 66,5; *hierher auch, ohne Setzung des Refl.-Pron.* (?), *mit Adv.* thara (*vgl.* thara 1. Teil A III 1a, *Ahd. Wb. 2,275*) *u. lat. ad + Akk.:* die argen gant umbe . uuanda sie niomer dara negerihtent ad requiem octaui diei *in circuitu impii ambulant* [*vgl. et ideo non perveniunt in octavum, id est, in aeternum, Aug., En.; dicit enim sub brevissima sententia: In circuitu impios ambulare, ut numquam ad rectam possint semitam pervenire, Cass.*] 11,9 (*nach Götz, Wb. S. 487 'eine Richtung einschlagen'; nach Sehrt, N.-Glossar S. 158 f. 'dahingelangen zu' mit Bezug auf lat. pervenire in; vgl. noch oben den Komm. von Aug., En.*); – *Glossen:* girihte [(*Paulus*) *favoribus impellit ... ut auditores suos ...*] *componat* (*regat, vgl.* Gl 5,460,38) [*ad vitam, Greg., Cura 1,8 p. 9*] Gl 2,179,46 (*1 Hs.* giliuben). kirite *componat* [*ebda., PL 77,21B*] Mayer, Glossen S. 5,22;

c) *von Abstraktem* (*innere Einstellung, Lebensweg, Handeln*)*:*

α) *mit abstr. Akk.:* slahta solechiu . diu daz herza negerihta *generatio quae non direxit cor suum* Np 77,8; *spez. von Gott:* kerihte minen uueg in dinero gesihte *dirige in conspectu tuo viam meam* NpNpw 5,9. daz unum opus (eina uuerch) kerihte *opus manuum nostrarum dirige* Np 89,17; *ferner:* NpNpw 5,9; – *mit lat. ad + abstr. Akk. u.* mit + *abstr. Dat. zur Angabe des Mittels:* so gibet er (*Christus*) mir (*Ecclesia*) ... andera sine dona ... mit den ih rationem mentis meae kunne gerihtan ad suspiranda aeterna, also daz hoibet rihtet caetera membra W 32,8. 133,7 [69,28. 237,25];

β) *mit abstr. Akk. u. Präp.verb.: mit* in + *abstr. Akk.:* fatum gerihtet siu (*sc.* tiu ding) einzen in iro fart . zeteiltiu dara unde dara . ze solen unde solen getaten . ze dien ziten . unde ze dien *fatum vero singula digerit in motum . distributa . locis . formis . temporibusque* [*vgl. digerit: ordinat, X*] Nb 275,26 [213,25]; *spez. von Gott: mit* ubar + *Akk.:* unseriu hantuuerch kerihte uber unsih daz uuir siu netuoen umbe uuerltlichen dang . uuanda so sint siu chrumb *opera manuum nostrarum dirige super nos* Np 89,17 (*dirige super nos 'lenke über uns hinaus* (*zu dir empor*)*', vgl. dazu Arndt 2,143 Anm. 28*).

4) *über jmdn./etw. herrschen* (?)*:* girihten [(*Lysias zu König Antiochus:*) *incumbit nobis*] *ordinare* (*corrigere, vgl.* Gl 5,426,30) [*de regno, 1. Macc. 6,57*] Gl 1,692,50 (*nach Arndt 2,1362 „für das Reich Sorge zu tragen"; 2 Hss.* rihten).

5) *etw. an jmdm./etw. ausrichten, mit Akk. d. Sache/abstr. Akk. u. Präp.verb./Adv.: mit* an + *Dat. d. Pers.:* an imo gerihta er (*Gott*) mine genge (Npw gerihtet er mine fuoze) *statuit supra petram* (*den Felsen, d. h. Christus*) *pedes meos . et direxit gressus meos* NpNpw 39,3; *mit* nâh + *abstr. Dat.:* kerihte mine genge nah dinemo gebote *gressus meos dirige secundum eloquium tuum* 118 R,133; *mit Pron.-Adv.* [h]uuârana*:* vuarana gerihtet der iungo sinen uueg? *in quo corrigit iuvenior viam suam?* Np 118 B,9 (Npw behuotet).

6) *jmdn./sich* (*mit Hilfe von etw.*) *auf den rechten Weg bringen, in ethisch-religiöser Hinsicht bessern:*

a) *mit Akk. d. Pers. u.* mit + *abstr. Dat.:* so scol ... diu heiliga *christin*heit zi gote haran die si in demo lihname nieth kirihten nimege manente ... daz ... er die (*sc. Sünder*) inuuertis kirihte mit dera keistlichen kistungida [*vgl. ut mater ecclesia ad dominum clamet ..., ut quas* (*sc. animas peccatorum*) *ipsas foris monendo ... non valet corrigere ille suam interius inspirando compunctionem corrigat, BH, Hellgardt, Pred. S. 99*] S 173/174 (*vgl.* ZfdA. 135,167,10. 13). heilant furahtante kasih inti unsih kesehanto kirihti ... uuofte ioh sunta inpu*n*tan uuirdit *Ihesu, paventes respice et nos videndo corrige ... fletuque culpa solvitur* H 25,7,2;

b) *in bruchstückhafter Übers., ohne Refl.-Pron.:* .. kirihtit .. zva si kitan *si* (*der Priester*) *non correxerit etiam episcopus adhibeatur* S 272,16. .. kerihtit .. si faruuorfan fona kisezzidu .. *neque si* (*korr. zu sic*) (*der Abt*) *correxerit tunc deiciatur de ordine praepositurae*

279,27; *zum Gebrauch von corrigere in medialem Sinn vgl. Linderbauer S. 171.*

7) *etw. einen glücklichen Ausgang nehmen lassen, einer Sache Erfolg verschaffen: Glossen:* girihti [*beate martyr,*] *prospera* (*Glosse: prosperum age, vgl. PL 60*) [*diem triumphalem tuum, quo sanguinis merces tibi corona, Vincenti, datur, Prud., P. Vinc.* (*V*) *1*] Gl 2,426,27. 475,67. girihte [*ut* (*Proteus*) *omnem expediat morbi causam, eventusque*] *secundet* (*prosperetur*) [*Verg., G. IV,397*] 645,1. kirihte *secundet* [*ebda.*] 684,31. girihtun [*nymphas venerabar . . .*] *secundarent* (*vgl. prosperos facerent, Serv.*) [*visus, ders., A. III,36*] 651,9.

8) *etw./jmdn.* (*zu*) *jmdm. senden, schicken: in bruchstückhafter Übers.:* .. karihtan .. *mandatum ei* (*einem ausgeschlossenen Mönch*) *diregere* S 233,17. trahtohee .. claulicho .. pi daz selba .. kirihtida (*l.* kirihta (*?*), *s. Formenteil*) *tractet abbas prudenter ne forte pro hoc ipso eum* (*den fremden Mönch*) *dominus direxit* 270,7; – *Glosse:* karihtiu piprahtum [*deus . . . in quem peccatum nostrum*] *contulimus* [*Vita Joh., Acta apost. p. 572*] Gl 2,746,20.

9) *etw. herrichten, bereiten:*

a) (*ein Mahl, ein Fest*) *herrichten, vorbereiten, mit abstr.* (*pronom.*) *Akk.:* so sie girihtun allaz thaz [*vgl. paraverunt pascha, Luc. 22,13*] O 4,9,17; – *Glosse:* karihtan [*Levitae inferunt oblationes in altari, Levitae*] *componunt* [*mensam domini, Is., De off. 2,8 p. 789C*] Gl 2,344,44;

b) (*das Feld*) *bestellen:* girihta [(*der von Gott unterwiesene Bauer*) *simul et cordis segetem*] *disponit* (*Glosse: statuit, vgl. PL 60*) [*et agri, Prud., Symm. II,1037*] Gl 2,473,69;

c) *hierher auch* (*?*): (*eine Belagerung*) *vorbereiten:* girihtis *ordinabis* [*adversus eam* (*die Stadt Jerusalem*) *obsidionem, Greg., Cura 2,10 p. 31 = Ez. 4,2*] Gl 2,184,72.

10) *in eine Ordnung bringen, ordnen:*

a) *von Menschen: jmdn. für eine Aufgabe einteilen:* girihta [*constituit . . . Ioiada praepositos in domo domini, sub manibus sacerdotum, et Levitarum, quos*] *distribuit* [*David in domo domini, 2. Paral. 23,18*] Gl 1,467,6;

b) (*die Lebensführung, das Verhalten*) *ordnen, regeln:* girihta [(*Paulus*) *ad cubile carnalium aciem mentis revocat, atque in occultis suis qualiter debeant* (*die Menschen*) *conversari*] *dispensat* [*Greg., Cura 2,5 p. 18*] Gl 2,164,14. girihtit [(*Gott*) *cum praeceptis . . . vitam nostram . . .*] *disponit* [*ebda. 3,24 p. 73*] 173,51. zi garihtanne [(*Paulus*) *mentis oculum per compassionem reflectit*] *ad disponendum* [*cubile coniugatorum, ders., Dial. 3,17 p. 321*] 256,40. girihtet [*vitam ergo vestram, fratres, moresque*] *componite* [*ders., Hom. II,26 p. 1558*] 301,54.

11) *jmdn. über etw. in Kenntnis setzen: mit Akk. d. Pers. u. pronom. Gen.* (*u. Nebens.*)*:* thu (*Jesus*) unsih ni heles wiht thes (*über den Umgang mit der Ehebrecherin*) joh unsih es girihtes O 3,17,20. er selbo . . . sconon (*sc.* scôno inan, *vgl. Piper, Glossar S. 422*) es (*Jesu Gottessohnschaft*) girihta [*vgl. dixit ei* (*dem geheilten Blinden*) *Iesus, Joh. 9,37*] 20,176. girihti unsih (*die Jünger*) es alles, wara thu (*Jesus*) faran wolles 4,15,17. waz ist thaz . . . sulihes? nu girihtet mih (*den Auferstandenen*) thes (*über Jesu Tod*) [*vgl. quae? Marg. nach Luc. 24,19*] 5,9,21.

12) *Glossenwort:* carihten ardannen *dirigere extendere* Gl 1,112,11 (*R* rihten).

Abl. ?gerihtære *mhd.*, gerihte *mhd.*, girihtnussi *aostndfrk.*; *vgl.* ûfgirihten, gerihton *aostndfrk.*

[Woitkowitz]

int-**rihten** *sw. v., mhd.* entrihten, *nhd.* entrichten; *mnd.* en(t)richten, *mnl.* on(t)rechten, -richten; *afries.* undriuchta. – *Graff II,427 f.*

int-rihtet: *part. prt.* Np 95,10.

inrihdit Gl 1,249,30 *s.* irrihten.

etw. (*die Welt*) *vom* (*rechten*) *Weg abbringen, im Passiv:* dannan (*sc. vom Kreuz aus*) habet er (*Christus*) gerihtet orbem terrę . der furder intrihtet neuuirdet *correxit orbem terrae qui non commovebitur* [*vgl. hanc autem terram dicit non esse penitus commovendam, quae in soliditate fidei perseverat, Cass.*].

ir-**rihten** *sw. v., nhd.* errichten; *as.* arihtian. – *Graff II,426 f.*

ar-riht- (*zu den Präteritalformen ohne* -i- *vgl. Braune, Ahd. Gr.*[16] *§§ 66. 363 Anm. 4c*); *3. sg. conj.* **-e** Gl 2,313,45 (*Rb*); *inf.* **-an** 307,43 (*Rb*); *3. sg. prt.* **-a** T 4,14; *part. prt.* **-it** 103,2; **ir-:** *3. sg.* **-it** O 3,7,83 (*FP,* ir- *vorn übergeschr. V*). 5,4,50 (*PV*); *1. pl.* (*conj.?*) **-ên** NpNpw 40,14; *2. sg. conj.* **-es** O 2,11,39; *3. sg. conj.* **-e** 3,7,68 (*PV,* nirrihte *F mit proklitischer Negationspartikel*); *inf.* **-en** Nb 72,21 [62,2]; *dat. sg.* **-enne** 207,1 [169,30]; *3. sg. prt.* -] O 2,11,49 (*F,* yr- *PV, wobei in P* e- *unterpunktiert u.* y *übergeschr. ist*). 3,17,38 (*alle mit Apokope vor vokalischem Anlaut*); *part. prt.* **-et** Nb 166,26. 175,19 [140,15. 147,29]; **er-:** *1. sg.* **-o** 326,32 [248,5]; *3. sg.* **-et** Ns 620,28/29 [307,6] (-&, *vgl.* K.-T. Anm.); *2. sg. conj.* **-êst** Nb 272,5 [211,15]; *inf.* **-en** 121,7 [104,21]; *part. prt.* **-it** S 210,21 (*B*); **-et** Nb 271,23 [211,8/9]. – **ir-richtent:** *3. pl.* Np 3,2 (-e- *aus* i *korr., vgl.* K.-T. 8,13,8 Anm.*;* Npw uf rihtent); **ar-rihctit:** *3. sg.* H 5,2,4; *zu* -ch- *u.* -hc- *vgl. Braune a. a. O. § 154 Anm. 4a u. b.*

Unklar, mit korrigiertem Präfix: **or-rihtit:** *3. sg.* **-it** Gl 2,150,32 (*mus. Brit. Arund. 393, 9. Jh.; „durch* o *ist lang* i *gezogen", vgl. Piper, Litbl. 18,76; zu seltenem Präfix* or- *vgl. Schatz, Ahd. Gr. § 84 u. ders., Bair. Gr. § 35; zu* or- *vgl. in ders. Hs. noch* orsceidi . Gl 2,150,30 *u. die verstümmelte Form* uzorı .. Beitr. 73,200 (*nach* Gl 2,150,11) *mit einem Deutungsversuch in Beitr.* (*Halle*) *85,366–368*).

Hierher wohl auch, verschrieben oder mit Präfixverwechslung (*vgl. Splett, Stud. S. 370*)*:* **in-rihdit:** *part. prt.* Gl 1,249,30 (*K*).

Verschrieben: ni**richtit:** *3. sg.* OF 5,4,50 (*PV* ni irrihten).

1) *etw./jmdn.* (*auch sich*) (*zu etw. hin*) *nach oben bewegen, aufrichten:*

a) *von Sachlichem:*

α) *etw. zu etw. hin aufrichten, im Passiv, mit* zi *+ Dat.:* daz fona *truhtine* (*die Leiter*) si errihtit ze himile *ut* (*scala*) *a domino erigatur ad caelum* S 210,21;

β) *etw. errichten, aufbauen, mit Akk. d. Sache:* biheizist thih (*Jesus*) niwihtes, thaz thu thaz (*den Tempel*) irrihtes, sar . . . in thrio dago ziti [*vgl. tu in tribus diebus excitabis illud* (*templum*)*? Joh. 2,20*] O 2,11,39. er (*der auferstandene Christus*) yrriht iz (*sc.* sines lichamen hus) . . . thes thritten dages 49; *Glosse:* irrihtit [*si quis presbyter, aut diaconus . . . se ab ecclesia sequestravit, et seorsum*] *colligens* [*altare constituit, Conc. Ant. XXCIII p. 125*] Gl 2,150,32 (*zur Zuordnung des lat. Lemmas vgl. Steinm.*); – *hierher auch, bildl., erw. mit Dat.*

d. Pers.: (*Gott*) arrihta horn heili (*das Horn des Heiles als Sinnbild der Friedensherrschaft Christi*) uns in huse Dauides sines knehtes *erexit cornu salutis nobis in domo David pueri sui* T 4,14 (*zur Zuordnung der Stelle Luc. 1,69 vgl. ThWNT 1,901 u. Ahd. Wb. 4,1258 s. v.* horn 1c);

b) *von Menschen: im Passiv:* (*Jesus*) anasazta iru (*der verkrümmten Frau*) hant, inti sliumo uuard arrihtit inti tiurisota got *inposuit illi manus, et confestim erecta est et glorificabat deum* T 103,2; *Glosse:* in pore irrihdit *excelsus erectus* Gl 1,249,30; – *mit refl. Akk. d. Pers.*: irriht er (*der in den Sand schreibende Jesus*) sih [*vgl. erexit se, Joh. 8,7*] O 3,17,38.

2) (*jmdn.*) *zu etw. ermuntern, ermutigen* (*ohne Akk. d. Pers. wie im Lat.*), *mit* in + *abstr. Akk.*: niuuer ioh giu muates uuahsamo suazze in tati arrihctit *novusque iam mentis vigor dulces in actos eregit* H 5,2,4 (*anders Siewerts S. 202, wo der Beleg refl. aufgefaßt wird: 'sich aufrichten'*).

3) *jmdn. übermütig machen:* arrihtan [*nec prospera hunc* (*Johannes den Täufer*)] *erigere* [*, nec adversa noverant inclinare, Greg., Hom. I,6 p. 1454*] Gl 2,307,43 (*zur Bed. des lat. Lemmas vgl. Mlat. Wb. III,1360,2*).

4) *sich* (*gegen jmdn./etw.*) *aufrichten, stellen:*

a) *von Menschen, mit refl. Akk. u.* uuidar + *Dat. d. Pers.*: manige irrichtent sih uuider mir (*Jesus Christus*) *multi insurgunt adversum me* Np 3,2 (Npw uf rihtent); – *hierher auch, Glosse:* arrihte [*nemo ... se contra acceptas contumelias*] *erigat* [*Greg., Hom. I,18 p. 1509*] Gl 2,313,45;

b) *von Sachlichem u. Abstraktem:*

α) *mit refl. Akk.*: mit imo (*Christus*) er (*der Tod*) mer ni fihtit joh furdir sih ni irrihtit O 5,4,50;

β) *mit refl. Akk. u.* uuidar/zi + *Dat. d. Pers.*: wir sculun thes biginnan, sulih gras (*d. h. fleischliche Begierde*) io thuingan joh thio sino suazi al dretan untar fuazi, thaz siu ... sih ... furdir zi uns ni irrihte O 3,7,68. so thu io in thia redina (*des Bibeltextes*) thar langor sizis obana ... sih thaz gras (*d. h. fleischliche Begierde*) thar untar thir min irrihtit widar thir, thio argun gilusti gebent thir furdir fristi 83.

5) *jmdn.* (*mit Hilfe von etw.*) *über etw. belehren, aufklären:*

a) *mit Akk. d. Pers. u. abstr.* (*auch pronom.*) *Gen./Gen. d. Sache:* tia simplicitatem choron ih tir danne geoffenon . unde gerecchen . so ih tih ereron des errihto *quod ita demum patefacere . atque expedire temptabo . si prius expendero ea quibus moveris* [*vgl. expendero: distribuero . exsolvero, X*] Nb 326,32 [248,5]; *ferner:* 271,23 [211,8/9]; – *erw. durch lat. Gerundium im Abl./*mit + *Dat.*: suadendo unde disputando mag man den man allero dingoliches errihten Nb 121,7 [104,21]. diffinitio ... argumentum ... syllogismus. Mit tien drin duohta in . daz uuir allero dingoliches sin zeirrihtenne 207,1 [169,30];

b) *mit Akk. d. Pers. u. Nebens.* (*u. pronom. Gen. als Korrelat*):

α) *bei belebtem Subj.*: uuanda Fortuna reht habet ... pe diu uuile si in (*Boethius*) des rhetorice irrihten daz in iro guotes so unuuiriges . sar nieht langen nesolta Nb 72,21 [62,2]. tu (*Philosophia*) habest mih (*Boethius*) tes irrihtet . so is mer durft neist *idque a te nihil ut amplius desideretur ostensum est* 175,19 [147,29]; *hierher auch* (?): des ih (*Boethius*) frageta ... pito ih taz tu (*Philosophia*) mir sageest . unde mih is errihtest *quaeso itaque hinc decernas . et edisseras . quoniam hoc miraculum me maxime perturbat* 272,5 [211,15] (*oder zu* a?); – *erw. durch* mit + *abstr. Dat./Instr.*: mit tisen zuein locis argumentorum ... habet si (*Philosophia*) unsih irrihtet sament Boetio . daz beatitudo an dien finuen funden neuuirt Nb 166,26 [140,15]. hinder in (*den Juden*) ist daz . mit diu uuir sie des irrihten . des sie unsih zuifelont [*vgl. ne putent, nos finxisse illas praedictiones ... proferimus codices Iudaeorum, Aug., En.*] NpNpw 40,14;

β) *bei abstr. Subj.*: reda errihtet unsih allis tes man stritet Ns 620,28/29 [307,6].

Abl. irrihtida; *vgl.* ûfirrihten.

[Woitkowitz]

ûf-**rihten** *sw. v., mhd.* ûfrihten, *nhd.* aufrichten; *mnd.* uprichten (*vgl. Schiller-Lübben 5,122*), *mnl.* oprechten, -richten; *afries.* upriuchta. – *Graff II,428.*

Bei N û-, *wenn nicht anders angegeben.*

uf-riht- (*zu den Präteritalformen ohne* -i- *vgl. Braune, Ahd. Gr.*[16] *§§ 66. 363 Anm. 4c. 365*): *1. sg.* -] Gl 4,231,24 (*cgm 187,IV, 12. Jh.*; vf-); *3. sg.* **-et** NpNpw 109,6. 112,7; *3. pl.* **-ent** Npw 3,2; *2. sg. conj.* **-es** WC 121,5 [217,16]; *2. pl. imp.* **-et** Gl 1,483,35 (*M*); *part. prs.* **-ende** S 301,29; *nom. sg. m.* **-enter** Npw Cant. Annae 8; **-ender** Np ebda.; *3. sg. prt.* **-a** NpNpw Cant. Zach. 69; **-ge-riht-**: *part. prt. dat. sg. m.* **-mo** Gl 1,503,9 (*M, clm 22201, 12. Jh.; zur Synkope vgl. Matzel S. 113*); *dat. pl.* **-in** 706,35 (*M, clm 22201, 12. Jh.; zu* -in *vgl. Braune a. a. O. § 248 Anm. 11*); **riht- ... uf:** *3. sg.* **-et** Nb 139,6. 347,18 [118,16/17. 261,27]. NpNpw 109,6. 144,14. 145,7 (= Npw 8); **-ed** S 130,105 (vf); *2. sg. imp.* **-e** NpNpw 7,8 (= Npw 7); *1. sg. prt.* -] WC 80,5 [153,28/29]; *3. sg. prt.* **-a** T 120,6. Np Cant. Zach. 71; **-e** Npw ebda.; *3. pl. prt.* **-on** Np 118 F,43 (uf); **-en** Npw 118 F,43; ... **uph:** *1. sg. prt.* -] WA 80,5 (*zu* -ph *vgl. Sanders, Leid. Will. S. 274*). – **uph-richtes:** *2. sg. conj.* WA 121,5 (*zu* -ph- *s. a. a. O.*); **rihcta ... ufh:** *3. sg. prt.* Gl 1,739,8 (*Brüssel 18723, Gll. 10. Jh.; zu* -fh *vgl. Bergmann, Mfrk. Glossen S. 175, zur Präteritalform ohne* -i- *s. o.*); *zu* -ch- *u.* -hc- *vgl. Braune a. a. O. § 154 Anm. 4a u. b.*

1) *etw./jmdn.* (*auch sich*) (*aus/von etw.*) (*zu etw. hin*) *aufrichten:*

a) *von Sachlichem:*

α) *mit Akk. d. Sache:* sosez (*der Sägefisch*) div schef gesihet, so rihted ez vf sine uedera unde sinen zagel (*serra*) *erigensque pennas et caudam* S 130,105; *Glosse:* ufgerihtmo [(*der Gottlose*) *cucurrit adversus eum* (*Gott*)] *erecto* [*collo, et pingui cervice armatus est, Job 15,26*] Gl 1,503,9 (*3 Hss.* bar[2] *adj.*, *2* barrênti);

β) *mit refl. Akk. d. Sache u.* zi + *Dat.*: tes iungen boumes obenahtigi . uuirt ouh uuilon mit not nidergezogen . uuirt er ferlazen . er rihtet sih aber uf ze himele *validis quondam viribus acta virga . flectit pronum cacumen . si hanc curvans dextra remisit . recto vertice spectat caelum* [*vgl. recto spectat ... caelum: redit ad suam naturam ut rursum aspiciat, Rem.*] Nb 139,6 [118,16/17];

b) *von Menschen:*

α) *mit refl. Akk. d. Pers. u.* zi + *abstr. Dat./lat.* ad + *abstr. Akk., bildl.*: do riht ih mih uf ze guoten uuerchon [*vgl. debet ... ad studia bonorum operum erigi, Haimo in Cant. p. 328C*] W 80,5 [153,28/29] (*bei Anklingen der Bed. 'sich aufmachen, sich anschicken'*). diu rectitudo operum tuorum, mit dero du incuruationem capitalium criminum uermides unte dih ad solam spem superni praemii ufrihtes, diu ist glich dero palmon [*vgl. mens erecta tui spe tendit ad alta salubri, Expos.*] 121,5 [217,16]; – *nur mit refl. Akk. d. Pers.:* rihcta sihc ufh [(*Lazarus*) *statim*] *prodiit* [*qui fuerat mortuus, Joh. 11,44*] Gl 1,739,8 (*in freier Wiedergabe von lat. prodire 'herauskommen'*). tho rihta sih ther (*der in den Sand schreibende*) heilant uf *erigens autem se Ihesus* T 120,6. einer der mennisko . heuet taz houbet uf . ioh rihtet er sih liehto allen uf *unica gens hominum . levat altius celsum cacumen . atque levis stat recto corpore* [*levis stat: quia valet cito erigi, X*] Nb 347,18 [261,27];

β) *im Übergang zu 2: mit Akk. d. Pers. u.* fona + *Dat.:* (drohtin) ercuuikende uone stuppe elelendun unde uone miste ufrihtende armen (*dominus*) *suscitans de pulvere egenum et de stercore erigens pauperem* S 301,29, *z. gl. St.* (*Gott*) in (*Jesus Christus*) durftigen fone erdo chicchender ... unde in armen ufrihtender fone miste . fone Iudeis tie in sluogen ... taz er sizze mit dien heristen ... unde er den himeliscen stuol behabe NpNpw Cant. Annae 8. der fone erdo ufrihtet den helfelosen . unde fone miste heuuet den armen *qui erigit* (Npw *suscitans*) *a terra inopem et de stercore exaltat pauperem* 112,7; – *nur mit Akk. d. Pers.:* er (*Gott*) heuet uf alle diedir fallent . unde alle ferchniste rihtet er uf *allevat dominus omnes qui corruunt . et erigit omnes elisos* NpNpw 144,14. er (*Gott*) rihtet uf die geuuirsoten. Die so harto fallent . daz sie ufirstan nemugen . die heuet er uf *dominus erigit elisos* 145,7 (= Npw 8).

2) *jmdn.* (*jmds. Herz*) *seelisch-geistig aufrichten, ermutigen, stärken:*

α) *mit Akk. d. Pers.:* vuola fallent die . die sih so fore imo (*Gott*) diemuotent . daz er sie ufrihtet [*vgl. qui autem per humilitatem cadunt et se prosternunt ... reparabuntur in integrum, Prosp., Expos. ps.*] NpNpw 109,6. dine iudicia falton mih de me presumentem . unde rihton mih aber uf pęnitentem . flentem . et de te presumentem [*vgl. iudicia tua ... spem ... augent etiam, Aug., En.*] 118 F,43;

β) *Glossen:* ufrihtet [*nunc fratres ... corda eorum*] *erigite* [*Judith 8,21*] Gl 1,483,35 (*3 Hss.* gibirnen, *2* bibirnen, *vgl.* Gl 5,93,16). ufgerihtin [*animis eorum*] *erectis* [*simul* (*Judas Makkabäus*) *ostendebat gentium fallaciam, 2. Macc. 15,10*] 706,35 (*5 Hss.* birnen).

3) *sich erheben, sich aufmachen, mit refl. Akk.:* rihte dih (*Gott*) uf in dinemo gebote *exsurge ... in praecepto quod mandasti* [*vgl. appare humilis, Aug., En.*] NpNpw 7,8 (= Npw 7).

4) *sich gegen jmdn. erheben, jmdn. angreifen, mit refl. Akk. u.* uuidar + *Dat. d. Pers.:* (*David:*) manige uf rihtent sih uuider mir *multi insurgunt adversum me* Npw 3,2 (Np irrichtent).

5) *etw. wieder herstellen, mit Akk. d. Sache:* kefelle rihtet er uf *implebit ruinas* [*vgl. ruinas ... replevit, Prosp., Expos. ps.*] NpNpw 109,6.

6) *etw. erstehen lassen, mit abstr. Akk.:* heili rihta er (*Gott*) uf . die gehiez er daz si unsih lose fone fienden *salutem ex inimicis nostris* [*vgl. erexit nobis salutem, Beda in Luc.*] NpNpw Cant. Zach. 71; *erw. mit Dat. d. Pers.:* er (*Gott*) uns ufrihta daz horn dero heili (*sc. die Herrschaft Christi*) . in Dauidis hus sines chindes *erexit cornu salutis nobis in domo David pueri sui* ebda. 69 (*z. St. Luc. 1,69 vgl. ThWNT 1,901 u. Ahd. Wb. 4,1258 s. v.* horn 1c).

7) *Glossenwort:* ih vfriht *erigo* Gl 4,231,24.

[Woitkowitz]

ûf-gi-**rihten** *sw. v., mhd.* ûfgerihten; *mnl.* opgerechten, -richten. – *Graff II,426.*

uf-ca-rihtan: *3. pl. prt.?* Gl 2,344,41 (*clm 6325, Gll. 9. Jh.?*); *zu* -an *vgl. Braune, Ahd. Gr.*[16] *§ 320 Anm. 2, zur Präteritalform ohne -i- vgl. Braune a. a. O. §§ 66. 363 Anm. 4c; Raven I,156 erwägt 3. pl. conj. oder inf., nach Schatz, Abair. Gr. § 159b u. Ulrich, Isidor S. 8. 28 inf.*

etw. errichten, aufbauen: ufcarihtan [*praecepit ... dominus Moysi ut ... in circuitu tabernaculi castra ipsi* (*die Leviten*) *constituerent, et in promovendo tabernaculo ipsi deponerent, rursus ipsi* (*das Lager oder das Zelt mit der Bundeslade*)] *componerent* [*Is., De off. 2,8 p. 788C*] (*z. St. vgl. Num. 1,49 ff.*).

Vgl. girihten.

ûf-ir-**rihten** *sw. v., mhd.* ûferrihten (*vgl. Findebuch S. 366*). – *Graff II,427.*

Bei N *stets* û-.

uf-ar-riht- (*zu den Präteritalformen ohne* -i- *vgl. Braune, Ahd. Gr.*[16] *§§ 66. 363 Anm. 4c. 365*)**:** *3. sg.* **-it** Gl 5,26,25 (*fragm. S. Paul, 9. Jh.*); *part. prt.* **-it** 2,760,14 (*clm 14747, 9. Jh.*); **-ir-:** *inf.* **-en** Np 70,2; *3. pl. prt.* **-un** O 4,27,18; *part. prt.* **-et** S 156,18 (-&, *vgl.* Anm.). NpNpw 23,9. Np 47,13. Npw 134,2; *nom. pl. m.* **-e** Np 134,2; **-er-:** *part. prt.* **-et** Npw 47,13; *dat. sg. m.* **-emo** Nb 347,26 [262,2]; **uff-ar-:** *part. prs. nom. sg. m.* **-enter** Gl 2,605,50 (*M, clm 18140, 11. Jh.; zu* -ff- *vgl. in ders. Hs.* ufferpurit Gl 2,181,8); **ar-rihta ... uf:** *3. sg. prt.* T 120,5. – **uf-ir-richte:** *part. prt. nom. pl. m.* Np 19,9; *zu* -ch- *vgl. Braune a. a. O. § 154 Anm. 4a, zur Präteritalform ohne* -i- *s. o.*

1) *etw./jmdn.* (*auch sich*) *aufrichten:*

a) *mit Akk. d. Sache:* taz muot ouh ufheuest . nio demo lichamen uferrihtemo . daz muot pesuartez . nider ze ferlorni nesucche *animum quoque feras in sublime . ne levato celsius corpore . gravata mens inferior . pessum sidat* [*vgl. erecto, X*] Nb 347,26 [262,2];

b) *mit Akk. d. Pers.:* in thaz cruci man nan nagalta ... joh thar nan ufirrihtun O 4,27,18;

c) *mit refl. Akk.* (*der in den Sand schreibende Jesus*) arrihta sih uf *erexit se* T 120,5. du stast ufreht medice (arzat) . nidereligo ih . ufirrihten nemag ih mih . neige dih ze mir [*vgl. ego enim me protegere non possum, Aug., En.*] Np 70,2;

d) *Vok.-Übers.* (*Textglossargl.*)*:* uffarrihtenter [*tres ... iuvenes ..., cum se Christianos esse confiterentur, bestiis*] *subriguntur* (*Hs. subrigens*) [*Ruf., Hist. eccl. IX,6 p. 811*] Gl 2,605,50 (*subriguntur übers. im speziellen Sinn von lat. subicere bzw. griech.* παραδίδονται *'sie werden vorgeworfen', vgl. dazu CGL VII,307 s. v. subrigo, der Glossator hat aber subrigere mit der verbreiteteren Bed. 'in die Höhe richten' übers.*);

e) *im Part. Praet.: hoch aufragend:* ufarrihtit [*mons* (*sc. Monte Gargano*) *civitatis* (*sc. Siponto*) *a moenibus ad duodecim millia pedum*] *erectus* (*Hs. preerectus*) [*, in cacumine ... gestat ecclesiam, Mem. Mich. p. 1522C*] Gl 2,760,14 (*vgl. DML XII,2399*[b] *s. v. praeerigere*).

2) *jmdn.* (*auch sich*)*/etw. seelisch-geistig aufrichten:*

a) *etw.* (*das Innere*) *erheben, stärken:* ufarrihtit [(*die Mühe des Lügens*) *nunc animum per blandam inquietudinem*] *exerit* (*Hs. erexerit*) [*, tunc per asperam retributionem premit, Greg., Cura 3,11 p. 47*] Gl 5,26,25 (*zu lat. animum ex(s)erere vgl. Thes. V,2,1857,32 ff.*);

b) *jmdn. durch den Glauben aufrichten, auf Gott ausrichten, im Passiv:* saligiu uuituuua ... ê uuare du pidruchet unter demo suaren ioche dines mannes, nu bistu uf irriht*et* uone demo suzzen gotis ioche *antea eras curvata et eras sub viri iugo gravi, modo autem erecta es a iugo Christi suavi* S 156,18 (*zu kausalem* fona *vgl.* fona B IV 2cα, *Ahd. Wb. 3,1107*). ir stanten in sinemo (*Gottes*) hus ... ir êr uuarent ligende . unde nu bint (Npw birit ir) ufirrihte [*vgl. qui (Gott) vos erexit iacentes, et fecit ... ipsum agnoscere, Aug., En.*] NpNpw 134,2. sie uuurden beheftet mit uuerltkiridon . unde be diu sturzton sie in foueam mortis . uuir birn aber irstanden fone sundon . unde ufirrichte *ipsi obligati sunt et ceciderunt . nos ... surreximus . et erecti sumus* Np 19,9; *zum lat. Lemma vgl. DML III,794ᶜ s. v. erigere* 5.

3) *etw. errichten, erbauen, mit Akk. d. Sache:* zellent iro lob in dien turribus . diu si ufirrihtet habent . contra hereticos [*vgl. turres ... aptatae sunt, Cass.*] NpNpw 47,13; *hierher auch, bildl.* (?): nement tana liute des tiefeles portas . iuuueres fursten . die er stalta uuider gote . daz sie imo neliezin infart ... vnde uuerdent ir (Npw *nur* uuerdet) ufirrihtet . euuiges rehtes portę . ze gote leitende *tollite portas principis vestri . et elevamini portae aeternales* 23,9 (*zur Bed. des lat. Lemmas vgl. Mlat. Wb. III,1182,6; oder zu 2?*).

Abl. ûfirrihtida; *vgl.* irrihten.

rihtento *adv.* – *Graff II,422 s. v.* rihtjan.

riht-anto: Gl 2,232,14 (*S. Flor. III 222 B, Gll. 9. Jh.?*); **-endo:** Nb 125,9. 292,11 [107,29. 224,12/13]. NpNpw 145,7.

1) *seelisch-geistig aufrichtend:* rihtanto [*ne proximos iuvando se deserat, ne alios*] *erigens* [*cadat, Greg., Cura 4 p. 99*] Gl 2,232,14.

2) *lenkend, beherrschend:* suslicha ordinem dero dingo . festenot tiu minna . diu dia erda . unde den mere rihtendo . duuinget . unde in himele uualtesot *hanc seriem rerum ligat amor . regens terras . ac pelagus . et imperitans caelo* Nb 125,9 [107,29]. inin diu sizzet obenan der skepfo . unde rihtendo . cheret er dero uuerlte zuol *sedet interea conditor altus . et habenas rerum regens flectit* 292,11 [224,12/13].

3) *Recht verschaffend, zum Recht verhelfend, mit Dat. d. Pers.:* der iemer der uuarheite huotet . rihtendo dien unreht tolenten . nals sih rechenten . kibet hungergen fuora *qui custodit veritatem in saeculum .* (Npw *facit*) *iudicium iniuriam patientibus . dat escam esurientibus* [*vgl. facientem iudicium iniuriam accipientibus, Aug., En.*] NpNpw 145,7 (*zu in Np fehlendem facit vgl. K.-T. 10,529,26 Anm.*).

rihter Hbr. I,283,179. 181 *s.* rĭhtâri.

rihti[1] *st. n., mhd.* riht(e) (*in anderer Bed.*); *mnd.* richte, *mnl.* rechte (*beide in anderer Bed.*). – *Graff II,416 s. v.* rihtî.

rihte: *dat. sg.* Nb 112,19 [97,18]. Nc 702,25 [17,22]. Ns 600,22. 602,1. 20. 603,12. 18. 25. 604,3. 18 [273,5. 275,2. 276,1. 277,3. 10. 17. 278,4. 20].

nur bei Notker, in der Verbindung in rihte (*vgl. noch* in (gi)rihtî)*:*

a) *räumlich: gerade:*

α) *in gerader Richtung:* si (*der Globus*) habet allero gentium gestelle . unde fone diu . so man sia so stellet . taz ter polus septentrionalis uf in rihte (*Ausg. Piper* ufin rihte) sihet . so sint sex signa zodiaci ze ougon . septentrionalia . sex australia sint keborgen Nb 112,19 [97,18] (*z. St. vgl. Hehle, Boethius S. 200*);

β) *in einer Reihe:* zeskeidenne die ferte dero fogelo ... unde die heilesoda dero in rihte fure sih fliegenton (*sc.* fogelo) *volucrum diversos meatus ... et praepetis . i. priora petentis omina pennae* Nc 702,25 [17,22] (*z. St. vgl. Ahd. Wb. 3,970 s. v.* fliogan a *u. Glauch, Mart. Capella S. 352 f.*);

b) *sprachlich-inhaltlich: folgerichtig, geradewegs, auf direkte Weise, bez. auf den logischen Schluß beim Syllogismus* (*vgl. Wagner, Notker S. 29 ff.*)*:* ter uierdo (*sc. Art des Schlusses*) machot fone teilis uestenungo . unde uone allis lougene . einen teilis lougen . in rihte missechertin *quartus modus est . in quo conficitur ex particulari dedicativo . et universali abdicativo particulare abdicativum . directim* Ns 600,22 [273,5]. an demo eristen modo uuirdit . fone allis festenungo . unde uone allis lougene . ein allis lougen . in rihte *primus est . in quo conficitur ex universali dedicativo . et universali abdicativo . universale abdicativum directum* 602,1 [275,2]; *ferner:* 20 (*directim*). 603,12 (*directum*). 18. 25 (*beide directim*). 604,3 (*directus*). 18 (*directim*) [276,1. 277,3. 10. 17. 278,4. 20].

Komp. alarihti.

gi-**rihti** *st. n., mhd.* geriht(e), *nhd.* gericht; *mnd.* gerichte, *mnl.* gerechte, *ae.* gerihte. – *Graff II,417 f.*

ke-riht-: *acc. sg.* **-e** Np 36,28; **gi-:** *dass.* **-e** Gl 1,420,52 (*M*). S 147,33 (*BB*). Npw 118 Q,121; *acc. pl.* **-e** 147,20; **ge-:** *nom. sg.* **-e** Gl 3,417,30 [HD 2,363]. Np 88,15; *gen. sg.* **-es** NpNpw 105,3. Npw 44,8; *dat. sg.* **-e** Gl 3,416,14 [HD 1,79]; *acc. sg.* **-e** S 141,31 (*WB*). Nb 68,26 (-n *rad., vgl. S. C,27*) [58,5]. NpNpw 32,5. Np 71,2. 98,4 (2). 118 Q,121. Npw 36,28. Ns 617,23 [301,7]; *nom. pl.* **-e** NpNpw 9,Diaps. 5 (= Npw 9,28). 104,7 (2); *dat. pl.* **-en** Np 88,32. Npw 118 E,36; *acc. pl.* **-e** Nb 354,23 [266,16]. NpNpw 9,17 (= Npw 18). Np 147,20. – **ge-richte:** *acc. pl.* S 349,119 (*Hs. B;* -ch- *nach* Priebsch, Dt. Hss. S. 306,13, *Ausg.* gerihte). – **ge-ricte** (*zu* -c- *statt* ch *vgl. Braune, Ahd. Gr.*[16] *§ 154 Anm. 4b*)**:** *nom. sg.* Gl 3,379,43 (*2; Jd*).

girihi Gl 1,420,51 *s.* girih.

1) *Gebot, Vorschrift, Gesetz Gottes:* daz gerihte *regula* [*vgl. concordet vitae (der Lebensweise eines sündigen Menschen) regula iustitiae, HD 2,363*] Gl 3,417,30 [HD 2,363]; *auch zur Wiedergabe von lat. iudicia, Plur., als Synonym u. a. zu lat. lex, testimonium u. iustitiae* (*vgl. dazu Hoberg S. 56 Anm. 8*)*:* (*Gott*) tiniu gerihte ... sint ferro fone imo (*dem Sünder*) *auferuntur iudicia tua a facie eius* NpNpw 9,Diaps. 5 (= Npw 9,28). so negesuasta er (*Gott*) sih nieht ze allerdietelichemo . noh so negeoffenota er in siniu gerihte . so er Israheli teta *iudicia sua non manifestavit eis* 147,20. vbe aber ... filii sponsi (*sc. Christen*) ... mina (*Gottes*) ea ferlazent unde in minen gerihten negant . unde miniu reht intuuerent . unde miniu gebot . nebehuotent . so andon ih iro unreht . mit kerto *si autem dereliquerint filii eius legem meam . et in iudiciis meis non ambulaverint . si iustitias meas profanaverint . et mandata mea non custodierint . visitabo in virga iniquitates eorum* Np 88,32 (*lat.* 31; *zu* gerta *vgl. Ahd. Wb. 4,236 s. v.* gerta 2).

2) *Recht:*

a) *geltendes Recht:* salige die gerihtes huotent . unde reht tuont ... Daz sint tie anderen rihtent . unde selbe rehto lebent *beati qui custodiunt iudicium et faciunt iustitiam* NpNpw 105,3 (*vgl. Sleumer S. 452 s. v. iudicium 6 'das, was rechtens ist, was vom Gesetzgeber,* *insbesondere von Gott festgesetzt ist, das Recht, die Gerechtigkeit'*);

b) *jmdm. zustehendes Recht:* Paulus fideles zeh . daz sie iro gerihte forderotin apud infideles [*vgl. negotium … iudicari apud iniquos, 1. Cor. 6,1*] Nb 68,26 [58,5]; *Glosse, zur Wiedergabe von lat. iudicium in iudicium facere 'jmdm. Recht verschaffen, zu seinem Recht verhelfen' (vgl. Thes. VII,2,608,19ff.):* girihte [*nunciabo regi, quia*] *iudicium* [*fecerit ei dominus de manu inimicorum eius, 2. Reg. 18,19*] Gl 1,420,52 (*3 Hss.* girih);

c) *in der Verbindung* girihti tuon (inti reht) *Recht (und Gerechtigkeit) üben, für Gerechtigkeit sorgen:* in disemo stricche den sie burgen . gehafteta in iro fuoz … Dar uuirt cot irchennet . solchiu gerihte tuonder . daz der sundigo gehaftet an sin selbes hantuuerche *cognoscetur dominus iudicia faciens* NpNpw 9,17 (= Npw 18). ih teta gerihte unde reht . nesele mih minen anafristaren *feci iudicium et iustitiam . ne tradas me calumniantibus me* 118 Q,121. in sancta ęcclesia tate du (*Gott*) gerihte . unde reht *iudicium et iustitiam in Iacob tu fecisti* Np 98,4; *hierher auch:* got peuile demo chuninge (*sc. Christus*) . din gerihte zetuonne . unde din reht zeforderonne *deus iudicium tuum regi da . et iustitiam tuam filio regis* [*vgl. pater non iudicat quemquam, sed omne iudicium dedit filio, Aug., En., vgl. Joh. 5,22*] 71,2 (*zum lat. Komm. u. zur Bed. vgl. Arndt 3,317 Anm. 32*).

3) *Rechtsprechung, Ausübung der Gerechtigkeit:*

a) *von Gott:* er minnot armherzi unde gerihte . daz ist knada unde urteilda *diligit misericordiam et iudicium* NpNpw 32,5. vuanda truhten urteilda minnot . daz chit kerihte *quia dominus amat iudicium* 36,28. reht unde gerihte sint careuui dines (*Gottes*) stuoles . in nouissimo die (an demo suonotage) *iustitia et iudicium praeparatio sedis tuae* Np 88,15; *ferner:* 98,4 (*iudicium*); *in Umdeutung der Vorlage hierher wohl auch:* da skinet daz din garti ist garti des gerihtes Npw 44,8 (Np *directio*, Npgl gerihtinnis; *zu* gerta *vgl. Ahd. Wb. 4,236 s. v.* gerta 4d);

b) *hierher auch (?), von Menschen:* ube si (*die Schuldner*) ouch girihte unde suona bietant S 141,33 (*BB* = 31 *WB*). ich nihabo bihalten noh rehto giweret … reht girihte, reht urteilide 147,33 (*nur BB*). ir sult pitten umbe recht gerichte (*Hs.* gerihte), umbe zitlich gerihte (*Hs.* gerittere, *s.* ?gerihtære) 349,119 (*zum hdschr. Befund vgl.* Priebsch, Dt. Hss. S. 306,13 f.).

4) *(richterliche) Entscheidung, (Gerichts-)Urteil:*

a) *allgem.:* est autem iudicium facere reht frummin . ze urteildo uuerfen. Ipsum autem iudicium dicimus gerihte. Sed si de syllogismo iudicium dicitur . pesuecheda unde chiesunga interpretatur Ns 617,23 [301,7];

b) *von Gott/Christus:* negeirret er nieht siniu gerihte … nube er skeidet tie frehte *nec confundit iuditia rerum . i. meritorum* [*vgl. discretionem, Rem.; bonis praemia, malis supplicia praeponens, Rem.*] Nb 354,23 [266,16]. er ist truhten got unser . in allero erdo sint siniu gerihte. In allero uuerlte ist sin ęcclesia (christanheite) . dar sint ouh siniu gerihte . unde sine urteilda *ipse dominus deus noster in universa terra iudicia eius* NpNpw 104,7 (*zu iudicia 'Entscheidungen, Rechtssprüche' vgl. Hoberg S. 377. 380 Anm. 5*); – *hierher auch, entstellt aus* gijiht *'Zeugnis, Verkündigung':* uone sinen gerihten uuizen uuir siniu gebot Npw 118 E,36 (Np geiihten; *zur entstellenden Wiedergabe von* Np *durch* Npw *vgl. Heinzel, Ausg. S. XXVIII*).

5) *Gerichtsbarkeit (eines Bischofs):* dyocesis gericte. Dum hic uides gericte spiritualem potius quam carnalem potestatem intellige. quoniam hoc in loco gubernationem Latine dicimus. hoc etenim dyocesis in nostro sonat eloquio Gl 3,379,43 (*zur Kontextbed. 'Gerichtsbarkeit in einer Diözese' vgl. Niermeyer, Lex.[2] S. 440 s. v. dioecesis*).

6) *Gerichtsstätte:* ze gerihte *tribunali* Gl 3,416,14 [HD 1,79]; *zur Bed. vgl. Sleumer S. 792 s. v. tribunal.*

Vgl. ungirihti.

[Woitkowitz]

rihti[2] *st. n. oder* **rihtî**[1] *st. f., mhd.* riht(e), *nhd. (älter)* richt *n.*, richte *f.*; *mnd.* richte *n.* – *Graff II,416 s. v.* rihtî.

rihte: *nom. sg.* Gl 3,237,50 (*SH a2, clm 2612, 12. oder 13. Jh., Wien 2400, 13. Jh.*).

(angerichtete) Speise, Gericht: ferculum (zum lat. Lemma vgl. Mlat. Wb. IV,145,37ff.).

Vgl. gerihte *mhd.*

rihtî[1] *s.* rihti[2].

rihtî[2] *st. f., mhd.* riht(e), *nhd.* richte; *as.* rihti (*s. u.*), *mnd.* richte; *an.* rétti. – *Graff II,415 f.*

riht-: *nom. sg.* **-i** Gl 1,217,5 (*KRa*). 2,215,22. 581,12 = Wa 95,21. 3,255,52 (*SH a2*). 4,91,50 (*Sal. a1*). Nb 211,24. 277,1. 280,9. 281,2. 281,15. 310,13. 316,16 [173,3. 214,18. 216,22. 217,6. 217,15. 236,28. 240,27]. Nc 701,28 [16,20]; **-e** Gl 3,255,52 (*SH a2*); *gen. sg.* **-i** 2,343,36 (*clm 6325, Gll. 9. Jh.?*). Nb 44,26 [36,10]; *dat. sg.* **-i** Gl 1,409,47 (*Rb*). 2,162,18 (*clm 6277, Hs. 9. Jh.*). S 226,30 (*B; zum Dat. vgl. Heffner S. 122 u. Masser, Komm. Ben.reg. S. 333; s.* 11bβ). O 1,1,19. 2,44. 10,17. 2,9,7. 9,91. 10,9. 24,44 (*DPV*). 3,16,70. 26,13. 4,7,88. 12,60. 5,6,38. 7,61. 18,15. 23,77 (*oder alle Akk., so Piper, Glossar S. 372*). Nb 63,3 (*nach Sehrt, N.-Wortsch. S. 416 dagegen Gen. Sing.*). 205,12. 283,32. 289,15. 290,11. 306,13. 310,30 [52,27. 169,7. 219,6. 222,16. 223,2. 234,3. 237,8]. Ns 599,16 (-î). 600,1 [271,11. 272,5]; *acc. sg.* **-i** Gl 2,126,29 (*M, 6 Hss., darunter clm 6242, Hs. 9. Jh.*). 205,61. S 49,2 (*Exh., Hs. A*). O 1,1,36. 2,22,29. Nb 45,15. 204,16. 306,13 [36,23. 168,19. 234,3]. Nc 762,24. 795,17 [78,18. 113,15]. Np 118 V,168. Npgl 30,9; **-a** Npw 118 V,168 (*zu -a vgl. Heinzel, WSB 81,336*). – **richti:** *nom. sg.* Gl 4,157,56 (*Sal. c; zu -ch- vgl. Braune, Ahd. Gr.[16] § 154 Anm. 4a*).

Verschrieben: himilrichti**:** *dat. sg.* O 2,24,44 (*F; l.* himilriche in rihti).

rihti S 233,18 *s.* ?riht *st. f.*; rithe S 363,28 *s.* reda.

1) *Richtigkeit, Angemessenheit, im ethisch-religiösen Bereich bez. auf die Gerechtigkeit:* rihti [*quod autem multiloquio quisque serviens,*] *rectitudinem* [*iustitiae tenere nequaquam possit, testatur propheta, qui ait: Vir linguosus non dirigetur super terram, Greg., Cura 3,14 p. 55*] Gl 2,205,61. rihti *rectitudinem* (*rectitudo*) [*ebda.*] 215,22; *zur Bed. des lat. Lemmas vgl. Niermeyer, Lex.[2] S. 1163 s. v. rectitudo*).

2) *Ausrichtung, Gerichtetheit, Streben: (Boethius)* nemuoto nieht eino in gemeinemo riche . dinero rihti zelebenne *locatus intra commune omnibus regnum . ne desideres vivere proprio iure* [*vgl. propria lege, Rem.*] Nb 63,3 [52,27]. natura habet iro rihti . daz sia nehein uuillo neleitet *neque … tractamus de voluntariis*

motibus cognoscentis . animae . sed de naturali intentione 204,16 [168,19]. nechumet nieht tiu libminna . fone dero selo uuillen . nube fone dero naturlichun rihti *non procedit haec sui caritas . ex animali motione . sed ex naturali intentione* 205,12 [169,7]. vuanda du (*Gott*) iro (*meiner Wege*) uuaratuost . unde mit kenadigen ougon sie siehest . dannan behabo ih mina rihti an in [*vgl. ad hoc sunt ergo in conspectu domini viae iustorum, ut dirigat gressus eorum … Ipse enim rectos faciet gressus tuos* (*Prov. 4,27*), *Aug., En.*] NpNpw 118 V,168; *hierher auch:* rihti [*pacem utique fidem fecimus, et magnum*] *tramitem* [*omnibus eandem postulaturis ostendimus, Decr. Inn. XLIII p. 205*] Gl 2,126,29 (*lat. trames bildl. 'rechter Weg'*).

3) *Richtschnur, Leitlinie:*

a) *allgem.:* vvegana rihti [*vos eruditos … et doctos viros,*] *perpensa* [*vitae quos gubernat*] *regula* [*Prud., P. Rom.* (*X*) *307*] Gl 2,581,12 = Wa 95,21. rihti *regula dicta quod recte ducit nec aliquando aliorsum trahit* 4,91,50; *hierher wohl auch:* sprata rihti prurdi kimez edho kiscaft *norma regula ordo mensura vel forma* 1,217,5. rihti *regula* 3,255,52. 4,157,56;

b) *Vorschrift:*

α) *Kirchengesetz:* rihti [*zu: De ieiunio quadragesimae … cuius quidem quadragesimae lege, sicut ait noster Cassianus, quique perfecti sunt non tenentur, nec exigui huius*] *canonis* [*subiectione contenti sunt* (*vgl. Cassian, Coll. XXI,29 p. 1208A u. Conc. Laod. CLIII p. 132*), *Is. de off. 1,37 p. 772C, oder zu: De ieiunio pentecostes … secundum ieiunium est quod, iuxta*] *canones* (*Hs. canonis*) [*, post pentecosten alia die inchoatur, secundum quod et Moyses ait: Initio mensis hordearii facietis vobis ebdomadas septem* (*vgl. Deut. 16,9*), *ebda. 38 p. 773A*] Gl 2,343,36;

β) *Glaubensbekenntnis, in der Verbindung* rihtî thera gilouba*:* hloset ir, chindo liupostun, rihti dera calaupa, dera ir in herzin cahuctliho hapen sculut *audite, filii, regulam fidei, quam in corde memoriter habere debetis* S 49,2 (*Hs. A,* rihtida *Hs. B; zur Bed. vgl. Niermeyer, Lex.*[2] *S. 1178 s. v. regula*);

c) *adverbial gebraucht: regelgerecht* (*?*)*:* rihti [*nam … pensandum valde est ad culmen quisque regiminis qualiter veniat; atque ad hoc*] *rite* [*perveniens, qualiter vivat, Greg., Cura Praef. p. 1*] Gl 2,162,18.

4) *Geregeltheit, Regelhaftigkeit,* (*strenge*) *Abfolge, Ordnung:*

a) *im sprachlichen Bereich: bez. auf die Wortfolge* (*?*)*:* nist si (*die fränkische Sprache*) so (*dichterisch*) gisungan, mit regulu bithuungan: si habet thoh thia rihti in sconeru slihti O 1,1,36 (*zur Bed. vgl. Piper, Glossar S. 371, vgl. auch* lesarihtî, *Ahd. Wb. 5,859*); *in der Fügung* rihtî thes gikôses *Geregeltheit, die der rhetorischen Rede eigen ist* (*vgl. Glauch, Mart. Capella S. 350*): aber sin (*Merkurs*) uirga heizet Latine caduceus . uuanda si getuot lites cadere. Taz ist tiu rihti des kechoses . mit tero der strit ferzorn uuirt [*vgl. quia sermo facundiae recto rationis tramite … procedere debet, Rem.*] Nc 701,28 [16,20]. unde eteuuaz lasteron mit cramatichis eo … (*Philologia*) kelouuiu . uuaz zuiuelchosondo dia rihti des kechoses irre *nunc stringere . i. arguere . quid grammatica regula … sollers quod conterat . i. perfringat ordinem fandi ambiguis* 795,17 [113,15];

b) *im Bereich der Natur u. menschlichen Gesellschaft:* taz io missefadondo sih rihti geloubet . taz neuolleueret nio uuola unz in uz *quod praecipiti via deserit certum ordinem . non habet laetos exitus* Nb 44,26 [36,10]. uuanest tu (*Boethius*) dise uuerltlichen geskihte uerlazene uaren . unde stuzzelingun? Alde uuanest tu darana uuesen deheina rihti after redo? *putasne hunc mundum agi temerariis et fortuitis casibus? An credis inesse ei ullum regimen rationis?* 45,15 [36,23] (*zu regimen 'ordering, disposition' vgl. DML XIII,2719f*). noh so guis neuuare nieht tiu rihti dero naturę *non tam vero certus ordo naturae . procederet* 211,24 [173,3]. tiu ordo dero gotes prouidentię . umbehabet alliu ding . ube deheinez uuenche aba dero guissun rihti . sinero ordeno . daz iz sar in andera ordena becheret uuerde *ordo enim quidam cuncta complectitur . ut quod decesserit . i. certa ratione ordinis . hoc relabatur licet in alium tamen ordinem* 289,15 [222,16]. uuar mag taz sin . daz man chit stuzzelingun . unde ardingun . unde âne rihti . gote alliu ding tuuingentemo ze rihti? *quis enim locus esse potest ullus temeritatis . coercente deo cuncta in ordinem?* 306,13 [234,3]. tie selben geskihte . ih meino dero confluentię . machont tie halda . unde diu io ze tale sigenta rihti dero aho *quos tamen vagos casus regunt ipsa declivia terrae . et defluus ordo lapsi gurgitis* 310,13 [236,28];

c) *im Bereich der Schicksalhaftigkeit u. der Ursachen für das Entstehen oder Eintreten von etw.:* souueder fatum gefrumet uuerde . fone selbes kotes septiformi spiritu . dero prouidentię dienontemo … alde ioh allen dienonten . diu rihti des fati geleitet uuerde *sive igitur fatum exercetur . famulantibus providentiae quibusdam divinis spiritibus … seu omnibus fatalis series texitur* Nb 277,1 [214,18]. tiu rihti des selben fati . diu fuoret umbe den himel . mit tien sternon *ea series caelum ac sidera movet* 280,9 [216,22]. tiu selba rihti des fati . daz chit tero uzerun gotes sestungo . tiu geniuuot unde ersezzet alliu murfariu ding *eadem renovat omnia nascentia . occidentiaque* [*vgl. eadem: i. series . et divina providentia, X*] 281,2 [217,6]. tiu rihti sol note unuuendig sin . uuanda si ennan chumet fone dero statun prouidentia *quae cum proficiscatur ab exordiis inmobilis providentiae . ipsam quoque necesse est inmutabilem esse* [*vgl. quae: s. series fati, Rem.*] 15 [15]. so geskihet tanne daz sunderglicha vuunder . des in rihti farenten urlages . taz kot uuizendo tuot . tes sih unuuizende erchomen *hic iam fit illud fatalis ordinis insigne miraculum . cum ab sciente geritur . quod stupeant ignorantes* 283,32 [219,6]. unde mir mer nesi zeougenne . nothafta uuesen dia geskiht tero foregeuuizenon . souuio diu rihti si dero machungon *ac non nitamur illud monstrare . necessarium esse eventum praescitarum rerum . quoquo modo sese habeat ordo causarum* 316,16 [240,27]. daz etelichiu gahes chomentiu . dero dingo rihti geirtin *ut quaedam repente prorumpentia . velut rerum seriem perturbarent* [*vgl. perturbarent … ordinem et statum rerum, Rem.*] Nc 762,24 [78,18] (*z. St. vgl. Glauch, Mart. Capella S. 278 f.*); *ferner:* Nb 290,11. 310,30 [223,2. 237,8] (*beide series*).

5) *Gerechtigkeit, im religiösen Bereich* (*vgl.* reht *st. n.* IV)*:* thaz wir … unforahtenti sin imo (*Gott*) thiononti in wihi inti in rihti O 1,10,17. suachet io mit mahti thes himilriches rihti [*vgl. quaerite … regnum dei et iustitiam eius, Matth. 6,33*] 2,22,29. du (*Gott*) … tate mir (*Jesus*) facilem iustitiam (semfte uuesen dia rihti) . diu mir êr difficilis (unsenfte) uuas Npgl 30,9.

6) *in der Verbindung* in rihtî (*vgl. noch* in girihtî *u.* in rihti *s. v.* rihti[1])*:*

a) *geradeaus* (*oder zu* bα?)*:* in rihti [*ibant* ...] *in directum* [*vaccae per viam, 1. Reg. 6,12*] Gl 1,409,47;

b) *direkt:*

α) *ohne Umweg, geradewegs:* (*die Juden*) ilent io in rihti zi Kristes bigihti O 5,6,38. gizeli (*Maria*) ... theih (*der Auferstandene*) faru in rihti in sines (*Gottes*) selb gisihti 7,61;

β) *unmittelbar:* wir wesen blide in themo ewinigen libe ... in himilriche in rihti in thineru gisihti O 2,24,44. thaz ir werdet wirdig, sar so quimit minaz thing, thaz ir stet in rihti in mineru gisihti 4,7,88. ni stuant thiu maht thes wiges in menigi thes heries (*sc. der Jünger*), iz was al in rihti in sines (*Jesu*) einen krefti 12,60. sint unsu wort in rihti in sineru (*Christi*) gisihti 5,18,15; *ferner:* 1,2,44;

γ) *ohne Unterbrechung* (*zur Bed. vgl. Linderbauer S. 234*)*:* dea salmun in rihti .. za qhuedane sint *psalmi directanii sine antephona dicendi sunt* S 226,30;

δ) *gerade heraus, ohne Umschweife:* fernemet sar in rihti, thaz Krist ther brutigomo si O 2,9,7. filu thero liuto giloubta in druhtinan tho, joh sprachun ouh in rihti, wio thaz wesan mohti, thaz selben Kristes guati mera wuntar dati [*vgl. de turba autem multi crediderunt in eum et dicebant: numquid Christus, quum venerit, plura signa faciet, quam quae hic facit? Joh. 7,31*] 3,16,70. thoh ni sprachun sie (*die Pharisäer*) ... quedemes in rihti, thaz iz lobosamaz si, allo sino (*Jesu*) dati 26,13;

ε) *auf einfache, verständliche Weise:* nim gouma thera dihta ... ist iz prosun slihti: thaz drenkit thih in rihti; odo metres kleini: theist gouma filu reini O 1,1,19 (*vgl. Erdm. S. 335*);

ζ) *in wörtlichem Sinn, im Schriftsinn:* thaz giscrip in rihti irfulli thu io mit mahti: so kualist thu thih ofto mit brunnen redihafto O 2,9,91 (*vgl. Erdm. S. 397 u.* O 3,7,76 *s. v.* girihti *st. n.*). thaz sie (*die Menschen*) lasun (*in den heiligen Schriften*) êr (*vor dem Erscheinen Jesu*) in rihti in thero buahstabo slihti 10,9;

η) *folgerichtig, auf direkte Weise, bez. auf den logischen Schluß beim Syllogismus* (*vgl. Wagner, Notker S. 29 ff.*)*:* tiu erista uuisa ist ... tiu uone zuein aluestenungon . eina aluestenunga machot . in rihti *primus modus est . in quo conficitur ex duobus universalibus dedicativis . universale dedicativum directim* Ns 599,16 [271,11]. an demo andermo uuirdit . fone allis festenungo . unde allis lougene . ein allis lougen . in rihti *secundus modus est . in quo conficitur ex universali dedicativo et universali abdicativo . universale abdicativum directim* 600,1 [272,5];

c) *naturgemäß:* uns klibent hiar (*auf Erden*) in rihti manago ummahti; thurst inti hungar, thiu ni derrent uns thar (*im Himmelreich*) O 5,23,77.

Komp. ala-, ein-, herza-, lesa-, stât-, uuegarihtî; *vgl.* rehtî, unrihtî.

[Woitkowitz]

gi-**rihtî** *st. f., mhd.* gerihte; *mnd.* gerichte; *got.* garaihtei. – *Graff II,416 f.*

g-riht-: *nom. sg* **-i** Np 36,37; *acc. sg.* **-i** 58,6.

Dat. oder Akk. in der Verbindung in girihtî (*s. 2; zum Dat. in B vgl. Heffner S. 65 u. Masser, Komm. Ben. reg. S. 333; zum Akk. in O vgl. Piper, Glossar S. 220; zum Akk. in* N *vgl. Sehrt, N.-Wortsch. S. 236*)*:* **ki-riht-: -i** S 223,1. 226,19 (*beide B*); **gi-: -i** O 1,17,70. 23,26. 2,2,17. 3,7,76 (*PV*). 14,114. 21,32. 26,58. 4,1,54. 4,34. 58 (*PV*). 8,22. 5,23,177; **-e** Npw 138,9; **ge-: -i** Np 138,9; **g-: -i** OF 3,7,76. Np 138,9 (*Hs. W*[1] = K.-T. 10, 511a,8). – **gi-rihcti:** OF 4,4,58 (*zu* -hc- *vgl. Braune, Ahd. Gr.*[16] *§ 154 Anm. 4b*).

kirihti S 252,30. 256,4; kerihti 249,3 *s.* giriht.

1) *richtige Richtung, Richtigkeit:* an disiu gagenuuerten nesih du . uuanda an dien ist diu chrumbi . sih an diu chumftigin . dar ist diu grihti *custodi innocentiam . et vide directionem* [*vgl. habeto oculos directos, ut videas directionem; non pravos, quibus malos vides, Aug., En.*] Np 36,37 (Npw gerehti). hilf mir ... sih dia grihti mines louftes . daz chit . duo sia andere gesehen . unde mir folgen [*vgl. adiuva me ... in illis, ut videant cursum meum . sequantur me, non eis videatur pravum esse quod rectum est, Aug., En.*] 58,6; – *in der Verbindung* in girihtî (*zu anderen Bedd. s.* 2): vbe ih mine fettacha daz chit amorem dei et proximi . ze mir nimo in gerihti ... ze dero uuis indrinno ih dinero abolgi *si recipiam pennas meas in directum* [*vgl. recipiendae sunt pennae meae non in pravum, sed in directum ... duo praecepta caritatis, Aug., En.*] NpNpw 138,9.

2) *in der Verbindung* in girihtî *direkt* (*vgl. noch* in rihtî *u.* in rihti *s. v.* rihti[1])*:*

a) *ohne Umweg, geradewegs:* er (*Jesus Christus*) quam in girihti in thesa woroltslihti O 2,2,17. thaz wir thaz irkantin, wara wir gangan scoltin, pedin in girihti zi sineru (*Jesu Christi*) eregrehti 3,21,32. sie (*die Jesus preisenden Menschen*) quamun mit githrenge in themo selben gange, joh mit theru krefti in thia burg in girihti 4,4,58;

b) *unmittelbar:* nu buwen baldo thuruh thaz kuningrichi sinaz, blide in girihti in sineru (*Jesu Christi*) gisihti O 3,26,58. thar (*im Himmelreich*) ist sang sconaz ... ist in girihti fora druhtines gisihti, selbo scowot er thaz, bi thiu ist iz so sconaz 5,23,177; *ferner:* 4,1,54;

c) *ohne Unterbrechung* (*zur Bed. vgl. Linderbauer S. 234*)*:* in morkanlobun truhtinlichemv tage iz erist si kichuetan sexzugosto sexto .. âno *antipho*nun in kirihti *in matutinis dominico die inprimis dicatur sexagesimus sextus psalmus sine antephona in directum* S 223,1. .. in kirihti .. *si maior congregatio fuerit cum antephonas* (*zu -as vgl. a. a. O. S. 125*), *si vero minor in directum psallantur* 226,19;

d) *gerade heraus:* kundtun sie (*die Weisen aus dem Morgenland*) uns thanne ... gilouba in girihti in theru wuntarlichun gifti (*für das Jesuskind*) O 1,17,70;

e) *ohne Abschweifung:* lis thir mit giwurti in thero buahstabo herti, grubilo in girihti in thes giscribes slihti O 3,7,76 (*vgl.* O 2,9,91 *s. v.* rihtî *st. f.* 6bζ);

f) *sofort, unverzüglich:* ist thar wiht so sarphes odo iawiht ouh so gelphes: iz wirdit in girihti zi sconeru slihti O 1,23,26. brach er sar io thie esti (*des Palmbaums*), thaz er in girihti then weg (*Jesu*) mit then gislihti 4,4,34;

g) *schlichtweg, einfach:* er (*Jesus*) ougta in io filu fram, bi hiu er hera in worolt quam mit werkon in girihti bi sinera eregrehti O 3,14,114 (*'schlichtweg wegen seiner Barmherzigkeit'*). (*Judas:*) gimachon ... thaz thar nist manno mera, ni si ekordo in girihti sin (*Jesu*) emmizig giknihti 4,8,22 (*'daß dort keine anderen Menschen mehr sind als nur einfach sein ständiges Gefolge'*).

Vgl. girehtî.

rihtida *st. f.* – *Graff II,418.*

rihtida: *nom. sg.* Gl 1,72,21 (*Pa*). 2,342,27 (*clm 6325, Gll. 9. Jh.?*); *acc. sg.* S 49,2 (*Exh., Hs. B*).

rihttitha: *nom. sg.* Gl 1,72,21 (*K; zu* -htt- *vgl. Splett, Stud. S. 134*).

Richtschnur, Leitlinie: rihtida allero *catholica universalis* Gl 1,72,21 (*das lat. Lemma bed. im Gll.-Zushg. urspr. 'allgemein'; zur Bed. des wohl als Subst. aufgefaßten lat. Adj.* (*Fem. Sing.*) *vgl. Mlat. Wb. II,379,56 s. v. catholicus adj. 'von der römischen Kirche ausgehend' u. a. a. O. 381,10f. 34 s. v. catholicus subst. mask. 'Bekenner des rechten Glaubens' u. subst. fem. 'Kirche'; R* catholicus uniuersalis ł chirliher; *Wiedergabe der lat. Adj. durch eine Genitivkonstr. 'Bekenntnis des rechten Glaubens aller'* (?); *vgl. dazu Kögel S. 146 Anm. 1*); – *in der Verbindung* rihtida thera gilouba *Glaubensbekenntnis:* rihtida dera galaupa; Ia auh churtter piuank dera galaupa *symbolum* [(*sc. Nicaenum*) *autem, quod tempore sacrificii a populo praedicatur, Is., De off. 1,16 p. 753C*] Gl 2,342,27 (*zu den Doppelgll. vgl. Ulrich, Isidor S. 9f.*). hloset ir, chindo liupostun, rihtida thera galaupa, the ir in herzin kahuctlicho hapen sculut *audite filii, regulam fidei, quam in corde memoriter habere debetis* S 49,2 (*Hs. B,* rihtî[1] *Hs. A; zur Bed. von regula vgl. auch Niermeyer, Lex.*[2] *S. 1178*).

gi-**rihtida** *st. f.; got.* garaihtiþa (*in anderer Bed.*). – *Graff II,418.*

ki-rihtid-: *nom. sg.* **-a** S 234,31 (*B*); *acc. sg.* **-a** Gl 1,756,3 (*Carlsr. Aug. LXXXIII, Gll. 9./10. u. 11. Jh.*); **ke-:** *acc. pl.* **-a** 720,2 = 4,293,55; **k-:** *acc. sg.* **-a** 1,773,2 (*Carlsr. Aug. LXXXIII, Gll. 9./10. u. 11. Jh.*); **gi-:** *nom. sg.* **-a** 648,70 (*M, 6 Hss.*); *acc. sg.* **-a** 2,128,66 (*M, 4 Hss.*); *nom. pl.* **-a** 53,10; **ke-rihteda:** *nom. sg.* Np 96,2.

kirihtida S 270,7 *s.* girihten.

1) *Ordnung, geordneter Zustand:* kirihtida [*sed spiritu vobiscum sum gaudens et videns*] *ordinem* [*vestrum, Rom., Prol. = Col. 2,5*] Gl 1,756,3. 773,2 (*Col. 2,5*).

2) *Abschnittseinteilung:* kerihtida [*ipsos ... evangeliorum*] *canones* [*, non sua* (*des Hieronymus*) *propria industria, sed ab aliis illustribus ... viris inventos, in Latinum se asserit transtulisse sermonem, Sed. Scot., Explan. 11 p. 339*] Gl 1,720,2 = 4,293,55 (*zur Bed. des lat. Lemmas vgl. Sleumer S. 185*).

3) *Einsetzung, Bestellung* (*eines Bischofs durch den zuständigen Erzbischof*), *oder allgem. Anordnung* (?): girihtida [*ad eundem locum, in quo ordinatio talis celebrata dicitur ... metropolitani sui unaquaeque provincia in omnibus rebus*] *ordinationem* [*semper expectet, Decr. Bonif. IV p. 215*] Gl 2,128,66 (*zur Bed. des lat. Lemmas vgl. Sleumer S. 571*).

4) *Stütze, Fundament:* anderen ist er (*Christus*) reht unde urteilda . diu sines stuoles kerihteda sint uuanda er an dien gerno sizzet . an dien er diu zuei findet *iustitia et iudicium correctio sedis eius* [*vgl. sedem eius dicet eos ipsos qui in eum crediderunt, Aug., En.*] Np 96,2 (*zur Bed. des lat. Lemmas vgl. Sleumer S. 245*).

5) *Gerätschaft:*

a) *Ausrüstung:* girihtida [*divitiae tuae, et thesauri tui, et multiplex*] *instrumentum* [*tuum ...: cadent in corde maris in die ruinae tuae, Ez. 27,27*] Gl 1,648,70 (*1 Hs.* gi [h]rusti);

b) *Werkzeug, bildl.:* girihtida [*ecce haec sunt*] *instrumenta* [*artis spiritalis, Reg. S. Ben. 4 p. 24,92*] Gl 2,53,10.

6) *Zurechtweisung:* uuassira .. kirihtida .. fillono kertu .. framkangen *agrior ei* (*dem unverbesserlichen Klosterbruder*) *accedat correctio* (*correptio, Ausg. Linderbauer S. 58*); *id est ut verberum vindictam* (*Dat. ist übers., vgl. Daab S. 52 Anm. 164*) *in eum procedant* S 234,31; *zur Bed. vgl. Ibach, Beitr. 80,250; Daab S. 200, ChWdW9 S. 670 u. Masser, Komm. Ben.reg. S. 333 übersetzen mit 'Strafe', so wie Linderbauer S. 278 correptio übersetzt.*

ir-**rihtida** *st. f.*

ir-rihtida: *acc. sg.* Npw 138,2.

(*geistliche*) *Aufrichtung:* du (*Gott*) bichandist mina nidera in dera riuuua, do ih in ellende uuas, unde mina irrihtida, do ih chom unde ih ablaz giuuan [*vgl. sedet enim homo, quando humiliat se in paenitentia; surgit autem remissis peccatis, Aug., En.*] (Np ufirrihteda).

Vgl. ûfirrihtida.

rihtîg *adj., mhd.* rihtec, *nhd.* richtig; *mnd.* richtich, *mnl.* rechtich; *vgl. afries.* unriuchtich. – *Graff II,418.*

rihtig: *Grdf.* Np 118 Q,128.

in bezug auf etw. in die richtige Richtung gebracht, mit zi + *abstr. Dat. zur Angabe des Bereichs* (*zur Konstr. vgl. Veerhusen, Adj. S. 63; zur Bed. vgl. auch Schade, Altd. Wb. S. 714 'die gerade Richtung habend' u. Sehrt, N.-Glossar S. 159 'eine best. Richtung habend, gerade gerichtet'*): fone diu uuard ih rihtig ze dinen geboten . uuanda ih siu minnota *propterea ad omnia mandata tua dirigebar* [*vgl. utique corrigebar, quia diligebam, Aug., En.*] (Npw girihtet); *zur Bed. 'aliquem ad rectam normam accommodare' vgl. auch Thes. V,1,1238,13; anders Schützeichel, Ahd. Wb.*[7] *S. 261 u. Splett, Ahd. Wb. I,2,738, wonach eine Fügung* rihtîg uuerdan zi *'sich richten nach' vorliegt.*

Komp. ein-, hinarihtîg; *vgl.* ?rehtîg, unrihtîg.

-rihtîgo *vgl.* unrihtîgo.

-rihtil *vgl.* reitrihtil.

-rihtilo *vgl.* reitrihtilo.

riht(i)sal *st. n.*

riht-sal: *acc. pl.* Gl 1,528,30 (*M, clm 17403, 13. Jh.*); **rith-:** *dass.* 31 (*M, clm 13002, 12. Jh.; zu* -th- *für* ht *vgl. Braune, Ahd. Gr.*[16] *§ 154 Anm. 6a*).

Anleitung (?): rihtsal [*intelligens,*] *gubernacula* [*possidebit, Prov. 1,5*] (*6 Hss.* rihtunga).

-rihtit *vgl.* giunrihtit.

-rihtnissida *vgl.* ueraltrihtnissida.

gi-**rihtnussi** *aostndfrk. st. n.*

ge-rihtnussis: *gen. sg.* Gl L 195.

Erquickung: gerihtnussis [*super aquam*] *refectionis* [*educavit me, Ps. 22,2*].

Vgl. rehtnussī *aostndfrk.*

rihto *sw. m.* – *Graff II,422.*

rihto: *nom. sg.* H 6,3,4 (*voc.*).

Herrscher: drisgi namo ... ein uber duruch alliu mahtiger uuntar ioh duruh zeichan crucez du rihto unmezziges leohtes *trinum nomen ... unum per omnia potens, mirumque per signum crucis tu rector inmensae lucis.*

Komp. reitrihto.

ge-**rihton** *aostndfrk. sw. v.*

ge-rihtoda: *1. sg. prt.* Pw 72,13.

etw. für gerecht erklären, rechtfertigen, mit abstr. Akk.: sunder saca gerihtoda ik herta min *sine causa iustificavi cor meum.*

Vgl. girihten.

rihtotin Gl 1,397,55 *s.* rihten.

rihtsal *s.* riht(i)sal.

rihtunga *st. f., mhd.* rihtunge, *nhd.* richtung; *as.* rihtunga (*s. u.*), *mnd.* richtunge; *ae.* rihtung- (*in* -þrǽd); *vgl. mnd. mnl.* richtinge, *afries.* riuchtinge, *ae.* rihting, *an.* rétting. – *Graff II,422.*

rihtung-: *nom. sg.* **-a** Gl 1,241,21 (*R*); *gen. sg.* **-u** S 243,6/7 (*B; zu* -u *vgl. Braune, Ahd. Gr.*[16] *§ 207 Anm. 5b*); *dat. sg.* **-u** 71,89 (*Musp.*); **-o** Gl 1,537,44 (*M, 5 Hss.*). 2,133,43 (*M, 5 Hss.*). 179,6 (*M, 4 Hss.*). 265,17/18 (*M, 4 Hss.*); **-a** 1,537,45 (*M*). 2,265,19 (*M; zu* -a *in beiden Belegen vgl. Braune a. a. O. Anm. 5a*); **-e** 1,537,45 (*M, clm 13002, 12. Jh., clm 17403, 13. Jh.*); *acc. sg.* **-a** 2,124,11 (*M, 4 Hss, 1 Hs.* -un[ga]). 180,1 (*M, 4 Hss.*). 218,37 (2; *clm 18550,1, 8. Jh.*). 281,31 (*M, 2 Hss.*). 471,13 (*2 Hss.*). 588,77 = Wa 103,8; **-i** 124,12 (*M, Wien 361, Hs. 12. Jh.*); *nom. pl.* **-ę** 4,115,34 (*Sal. a2*); *acc. pl.* **-a** 1,528,29 (*M, 6 Hss.*). 2,113,38 (*M, 6 Hss., darunter Vat. lat. 3860, Hs. 9./10. Jh., 1 Hs.* -v-). 201,12. 224,56 (*S. Flor. III 222 B, Gll. 9. Jh.?*). 279,5 (*M, 3 Hss.*); **-i** 113,40 (*M, Wien 361, Hs. 12. Jh.*). – **rihctunga:** *acc. sg.* Gl 2,163,31 (*clm 6277, Hs. 9. Jh.; zu* -hc- *vgl. Braune a. a. O. § 154 Anm. 4b*). – **rithtunga:** *nom. pl.* Gl 4,115,34 (*Sal. a2*); *acc. pl.* 2,212,32; *zu* -tht- *für* ht *vgl. Kelle 2,528 u. Splett, Sam.-Stud. S. 45.*

Mit Rasur der Endg.: **richtung : :** *nom. sg.* Beitr. 73,216 (*nach* Gl 4,145,18; *Sal. c*); *zu* -ch- *vgl. Braune a. a. O. § 154 Anm. 4a.*

Mit etymol. unberechtigtem h-: **hrihtungu:** *dat. sg.* Gl 2,577,62 = Wa 92,31 (*Düsseld. F. 1, Gll. 10. Jh.*).

1) *Lenkung, Regierung, Verwaltung:* rihtunga *regimen* Gl 1,241,21 (*KRa* rehtunga). rihtungo [*apostolicae sedis*] *moderamine* (*Hss. moderatione*) [*convenimur, sic canonum paternorum decreta librare, Decr. Gel. I p. 239*] 2,133,43. rihtunga [*qui … exteriorum*] *administrationem* [*meruit, ebda. 9 p. 1466*] 281,31. *gubernaculum* Beitr. 73,216 (*nach* Gl 4,145,18).

2) *Regierungs-, Verwaltungsgeschäft:* rihtunga [*non vocati … episcopi, ultra suam dioecesim non accedant, propter ordinationes faciendas vel propter alias*] *dispensationes* [*ecclesiasticas, Conc. Const. CLXIV p. 133*] Gl 2,113,38. rihctunga [*cum*] *causam* [*populi electus praesul suscipit, Greg., Cura 1,9 p. 10*] 163,31 (*zu lat. causa vgl. Mlat. Wb. II,406,29 ff.*). 180,1, *z. gl. St.* rihtunga, *dazu am Rand wiederholt* rihtunga 218,37. rihtunga [*sic Saul, qui … fugerat, mox ut regni*] *gubernacula* [*suscepit, intumuit, ebda. 3 p. 5*] 201,12 (*vgl. Mlat. Wb. IV,858,46 f. s. v. gubernaculum*). 212,32. 224,56. rihtunga [*ad regni*] *gubernacula* [*ungi, ders., Hom. I,7 p. 1460*] 279,5. rithtunga *gubernacula* 4,115,34.

3) *Überlegung:* rihtungo [*cum*] *dispositione* [*initur bellum: et erit salus ubi multa consilia sunt, Prov. 24,6*] Gl 1,537,44.

4) *Anleitung (?):* rihtunga [*intellegens,*] *gubernacula* [*possidebit, Prov. 1,5*] Gl 1,528,29 (*2 Hss.* riht(i)sal).

5) *Ordnen:* rihtungo [*cumque* (*ein vielbeschäftigter Geist*) *foras per insolentem curam trahitur, a timoris intimi soliditate vacuatur: fit* (*mens*) *in exteriorum*] *dispositione* [*sollicita, Greg., Cura 1,4 p. 5*] Gl 2,179,6.

6) *Maß, Norm:* hrihtungu [*cum ventum tamen ad*] *normam* [*rationis et artis, turbidulos sensus … concludunt* (*die Anhänger heidnischer Religionen u. die Philosophen*) *numen in unum, Prud., Apoth. 207*] Gl 2,577,62 = Wa 92,31.

7) *Regelwerk:*

a) *Gebote des Christentums:* rihtunga [*modesta loqui, spem quaerere,*] *regulam* [*tenere, vivere iustitiam Christi, Prud., P. Cypr.* (*XIII*) *31*] Gl 2,588,77 = Wa 103,8;

b) *Ordensregel, bez. auf die Benediktinerregel:* rihtungu ortfroma .. fora si kesehan *regulae auctoritas eis* (*den Alten u. Kindern*) *prospiciatur* (*Hs. propitia-*) S 243,6/7.

8) *Gesinnung:* rihtunga [*Romam dico viros, quos*] *mentem* [*credimus urbis, Prud., Symm. II,443*] Gl 2,471,13.

9) *Verbesserung:*

a) *Korrektur* (*eines Textes*)*:* gipvozti (*1 Hs.* puoszzi) (ł) rihtungo [*antequam ad propositum modum ea quae dixeram, subtili*] *emendatione* [*perducerem, Greg., Hom. Prol. p. 1434*] Gl 2,265,17/18;

b) *Wiederherstellung* (*früherer Verhältnisse*)*:* rihtunga [*quod sufficere arbitrarer ad informationem ecclesiae tuae, vel*] *reformationem* [*, si praedecessores tui minus aliquid, aut aliter tenuerint, satis certum haberem, Decr. Inn. Praef. p. 194*] Gl 2,124,11.

10) *Gerichtsverhandlung, bez. auf das Jüngste Gericht:* dara quimit ze deru rihtungu so uilo, dia dar ar resti arstent S 71,89.

Vgl. rehtunga.

rîhtuom *s.* rîh(hi)tuom.

rĭ̄hunga *st. f.* – *Graff II,429. 436. 443.*

rihung-: *nom. sg.* **-a** Gl 2,267,18 (*M, 5 Hss.*); *dat. pl.* **-on** 552,79.

röchelndes Atmen: rihunga [*in annis … senilibus … loquentis verba*] *anhelitus* [*intercidit, Greg., Hom. I,1 p. 1439*] Gl 2,267,18 (*3 Hss. noch* âtumzuht). rihungon [*intactus exin tertiae noctis vice monstri vomentis pellitur* (*sc. Jonas aus dem Leib des Wals*)] *singultibus* [*Prud., H. ieiun.* (*VII*) *127*] 552,79.

..riki Gl 1,731,43 (*zur Kürzung der ersten Silbe vgl. Voetz, Lukasgl. S. 118*) *s.* burg.

rickula *sw.* (*auch st.?*) *f.; vgl. mhd.* ric (-ck-) *m. 'Band, Knoten',* ricken *sw. v. 'binden', mnd.* vorwricken *sw. v. 'verdrehen'* (*vgl. Schiller-Lübben 5,512*). – *Graff II,440.*

Schwach: **ricc-ul-:** *acc. pl.* **-un** Gl 1,404,13 (*M*); **-il-:** *dass.* **-un** ebda. (*M, clm 14689, Hs. 12. Jh.*); **-in** ebda. (*M, 2 Hss.*); **-l-:** *dass.* **-in** 14 (*M, clm 22201, 12. Jh.; zum Ausfall des Mittelsilbenvokals vgl. Matzel S. 92, zu* -cc- *vgl. ders. S. 140*).

Schwach oder stark: **ricc-ula:** *nom. sg.* Gl 1,404,12 (*vgl.* Gl 5,91,22; *M, Wien 2732, 10. Jh.; oder acc. pl. u. st. f., vgl. Parallelhss.; lat. acc. pl.*). 4,75,4 (*Sal. a1*); **-ulla:** *dass.* 1,404,12 (*M, 2 Hss.; oder acc. pl. u. st. f., vgl. Parallelhss.; lat. acc. pl.*); **-ila:** *dass.* 4,75,4 (*Sal. a1, clm 22201, 12. Jh.*); **riculla:** *dass.* 149,15 (*Sal. c; im Gl.-Wortsch. 7,413 korrigierte Lesung* ricculla).

Bündel: ricculla [(*Abigail*) *tulit ducentos panes … et centum*] *ligaturas* [*uvae passae, 1. Reg. 25,18*] Gl 1,404,12 (*4 Hss.* gibuntilî(n)). riccula *ligatura* 4,75,4. 149,15.

Vgl. ?rig *as.*, girig.

? **[h]rîm** *st. m., nhd. dial. bair.* raim *Schatz, Tirol. Wb. 2,479; mnd.* rîm (*vgl. Schiller-Lübben S. 482*); *ae.* hrím (*vgl. auch Ahd. Wb. 4,1310*); *an.* hrím *n.*

rime: *dat. sg.* Gl 2,634 Anm. 3 (*clm 18059, Gl. 11. Jh.?*).

(*Rauh-*)*Reif, kalter Nebel:* de rime [*rura*] *gelu* [*tunc* (*sc. wenn noch der Nordwind weht*) *claudit hiems, nec semine iacto concretum patitur radicem adfigere terrae, Verg., G. II,317*]; *nach Steinm. unverständlich; im Gl.-Wortsch. 12,58 wird die Eintragung* de rime *als lat. Gl. zu gelu, Abl. von gelu n. 'Frost', aufgefaßt; schon bei Graff II,506 wird dagegen ein ahd. Wort erwogen* (*mit Bezug auf ahd.* [h]rîf); *sollte* de *als lat. grammatische Gl. den Kasus des Textwortes anzeigen, der zur Nominativ-Form homonym ist, u.* rime *das Übersetzungswort für lat.* gelu *sein, wobei beide Wörter zufällig aufeinanderfolgen* (*?*); *zu vergleichen wäre noch die ungedeutete Gl.* gibhe Gl 2,634,7 (*Ahd. Wb. 4,249*).

rîm *st. m., mhd.* rîm, *nhd.* reim (*beide in anderer Bed.*); *mnd.* rîm (*meist in anderer Bed.*), *mnl.* rime, rijm (*in anderer Bed.*); *afries.* rīm *n.* (*in anderer Bed.*); *ae.* rím *n.*; *an.* rîm *n.* (*vgl. Fritzner 3,113*). – *Graff II,506.*

rim: *nom. sg.* O 3,14,1. 5,14,19; *dat. sg.* -]**e** 1,5,2; *acc.* (*oder nom.*) *sg.* -] Gl 1,72,3 (*PaK; lat. acc.*); *nom. pl.?* -]**a** 4,20,46 (*Jc; oder ist ein Ansatz* rîma *st. sw. f. zu erwägen* (*?*), *s.* 1).

Mit etymol. unberechtigtem h-: **hrim:** *nom. sg.* Gl 2,328,4 (*clm 14747, 9. Jh.*); *acc.* (*oder nom.*) *sg.* 1,72,3 (*Ra; lat. acc.*).

1) *Anzahl, Menge:* zala rim *calculum numerum* Gl 1,72,3. rima *summa* 4,20,46 (*zu einem möglichen Kontextwort numeri vgl. Krotz S. 582,708*). was thaz nezzi zeinit, ther rim thero fisgo meinit, thero jungorono menigi, thaz thero warun sibini O 5,14,19.

2) *Zählung, Berechnung:* ward after thiu irscritan sar ... ein halb jar, manodo after rime thria stunta zuene; tho quam boto fona gote [*vgl. in mense autem sexto missus est angelus* (*Gabriel*) *a deo, Luc, 1,26*] O 1,5,2. thes nist zala, noh ouh rim ... wio manag seltsani ist ubar worolt mari 3,14,1.

3) *Abfolge* (*?*): *series. numerus.* ł hrim [*zu: si enim primum posuisset Abraham et postea David, rursum ei repetendus fuerat Abraham ut generationis*] *series* [*texeretur, Hier. in Matth. 1,2, CCSL 77,7,10*] Gl 2,328,4.

Abl. rîmen; *vgl.* girîman.

gi-**rîman** *st. v.* (*zur Flexion vgl. Seebold, Starke Verben S. 370*). – *Graff II,506.*

Praet.: **gi-reim:** *3. sg.* O 1,3,17 (*FV*). 4,2,13 (*PV*); **-rein** (*wohl mit reimbedingtem* -n *statt* -m, *vgl. auch Piper, Glossar S. 373*)**:** *dass.* 1,3,17 (*P*). 4,2,13 (*F*).

1) *zu etw. zählen, rechnen, mit* zi *u. Dat.:* David, thero gomono ein, ther zi kuninge gireim O 1,3,17.

2) *jmdm. zuteil werden, mit Dat. d. Pers.:* Lazarus er was iro ein, then thiu salida gireim, thaz thar zi disge sazin, mit imo (*Jesus*) saman azin O 4,2,13.

Vgl. ungirîmendi *as.*

rime Meineke, Ahd. S. 29,138 *s.* riomo.

rimelochere Gl 3,370,12 *s.* riemloh.

rîmen *sw. v., mhd.* rîmen, *nhd.* reimen (*beide in anderer Bed.*); *mnd.* rîmen, *mnl.* rimen (*beide in anderer Bed.*). – *Graff II,506 s. v.* garîmjan.

gi-rimitu: *part. prt. nom. pl. n.* T 44,20.

etw. zählen: iuuares houbites har allu girimitu sint *vestri autem et capilli capitis omnes numerati sunt.*

Vgl. ungirîmendi *as.*

ir-**rîmen** *sw. v.* – *Graff II,506.*

ir-rimen: *inf.* O 1,11,52 (*FP; in V* i- *mit Tilgungspunkt*).

etw. zählen, in Zahlen fassen: ist ira (*der Jungfrau Maria*) lob joh giwaht, thaz thu irrimen ni maht.

Vgl. irreimen, unirrîmit.

rimo Gl 5,45,52 *s.* riomo.

[h]rimphan *st. v., mhd.* rimpfen; *mnd. mnl.* rimpen; *ae.* (h)rimpan (*nur* ge(h)rumpan *part. prt., vgl. Bosw.-T. S. 799 s. v.* rimpan); *vgl. mhd. nhd.* rümpfen *sw. v., mnd.* wrimpen *sw. v.* (*vgl. Schiller-Lübben 5,779*). – *Graff II,512. IV,1156.*

Praet.: **ramph:** *3. sg.* Gl 4,43,32 (*Sal. a1, 4 Hss.*); **ramphf:** *dass.* 134,16 (*Sal. c, mus. Brit. Add. 18379, 13. Jh.*); **rampf:** *dass.* 2,17,34. 463,40 (*2 Hss.*). 4,43,33 (*Sal. a1, 2 Hss.*). Meineke, Ahd. S. 27,94 (*Sal. a1*). Sprachwiss. 15,230,6 (*Sal. a1*); **ranf:** *dass.* Gl 4,43,33 (*Sal. a1*).

Part. Praet.: **gi-rūpfan:** Gl 2,500,20; **ke-rumfene:** *acc. pl. m.* Nc 703,11 [18,13/14]; **gi-rumfin:** *Grdf.* Gl 2,17,47 (-in *aus* -un *rad.; lat. dat. pl.*); **-rūfenero:** *gen. sg. f.* 19,16; **-runfan:** *Grdf.* 15,27 (*4 Hss., darunter Zürich C 59, Gll. 9. u. 10. Jh.* (*?*); *lat. gen. sg. f.*); **ge-:** *dass.* 17,47 (*lat. dat. pl.*); *zu* -n- *statt* m *vgl. Schatz, Ahd. Gr. § 274.*

Verschrieben: **phamff:** *3. sg. prt.* Gl 4,43,34 (*Sal. a1, Ink., 15. Jh.*).

hrimfit Gl 1,234,31 (*K*) *s. unter* krimphan.

1) *in Falten legen, runzeln:* rampf [*wohl zu: fronte*] *caperrabat* [*frugalis virgo tonantis, Aldh., De virg. 2178*] Gl 2,17,34 (*vgl. Anm. z. St.; zum lat. Lemma vgl. Mlat. Wb. II,210,55 f. u. DML II,268*[b]). ramph *caperrabat* 4,43,32. 134,16. Meineke, Ahd. S. 27,94. Sprachwiss. 15,230,6; *als Fehlglossierung hierher auch, wohl Verwechslung von capessere 'eilen' mit caperrare 'runzeln'* (*zu capesso u. caperro vgl. noch Mlat. Wb. II,211 f.*)*:* rampf [(*Jungfrau:*) *me ... ad sublime vocantem victores caesa culparum labe*] *capessunt* (*Hs. caperrabat*) [*Prud., Psych. 304*] Gl 2,463,40; – *im Part. Praet.: runzelig, faltig, schrumpelig:* girunfan [*cernens matronae*] *rugosae* [*forte figuram, Aldh., De virg. 597*] Gl 2,15,27. 19,16; *hierher wohl auch:* gerunfan [*qua floret pulchra iuventus et numquam aggreditur*] *rugis* [*sulcata senectus, ebda. 2289*] 17,47 (*2 Hss.* [h]rumphunga). in sumelichen (*Tempeln*) ... funden sie ... fore alti fermulite astericha . alde so sumeliche chedent kerumfene scuha *crepidas ... situ murcidas . i. marcidas praesagiorum ... repererunt* Nc 703,11 [18,13/14] (*z. St. vgl. Glauch, Mart. Capella S. 353 f.*).

2) *sich zusammenziehen, krümmen:* girūpfan [*cumba ... exponit ... solo littoris uvidi*] *contractos* (*Glosse: fatigatos, vgl. PL 60*) [*pluvio frigore remiges, Prud., Symm. I, Praef.*] Gl 2,500,20.

Abl. [h]rampho; [h]remphen; *vgl.* [h]rumphunga, [h]rumphusla.

rin Beitr. 52,166,5 *s.* uuesan.

.. rin S 178,21 *s.* jungiro.

rîna (*st. sw.?*) *f., nhd.* (*älter*) rein, *dial. bair.* rein *Schm. 2,112, kärnt. tirol.* reine *Lexer, Kärnt. Wb. S. 206, Schatz, Tirol. Wb. 2,479.* – *Graff II,522.*

rin-: *nom. sg.* **-a** Gl 2,482,26 (*Kiel 145, Gll. 11. Jh.*). 4,41,47 (*Sal. a1, 6 Hss.*). Meineke, Ahd. S. 27,82 (*Sal. a1*); **-ę** Gl 4,41,48 (*Sal. a1, clm 17152, 12. Jh.*); **-e** 3,678,13 (*Innsbr. 711, 13. Jh.*).

Topf: rina *olla laula* [*zu: fulget aureus scyphus, nec aere defit expolita pelvis: est et*] *olla* [*fictilis, Prud., Epil. 17*] Gl 2,482,26. rine *caccaba* (*Hs. cacava*) 3,678,13 (*davor* rostisin *craticula*). 4,41,47. Meineke, Ahd. S. 27,82; *zu lat. caccabus 'Kessel, Kanne, Kochtopf' vgl. Habel S. 41.*

[h]rînan *st. v.; as.* hrīnan, *mnl.* rinen; *ae.* hrínan; *an.* hrína; *vgl. afries.* hrena *sw. v.* (*in anderer Bed.*). – *Graff IV,1156 ff.*

Praes.: **hrin-:** *3. sg.* **-it** Gl 1,44,5 (*PaK*). 45,4 (*R*). 200,25 (*K*). I 10,21 (2); *1. pl.* **-umes** Gl 1,200,27 (*K*); *inf.* **-an** S 40,25 (*Rez.*). – **rin-:** *3. sg.* **-it** O 1,11,49. 15,19. 23,52. 2,1,47. 8,19. 3,20,15; *3. pl.* **-ent** 5,25,75; *3. sg. conj.* **-e** 1,27,66. 2,4,10. 12,46; *inf.* **-an** 1,23,23. 25,7. 3,9,9. 4,7,14; *inf. dat. sg.* **-anne** 2,15,7; *part. nom. sg. m.* **-ento** S 316,20 (*Würzb. B.; zur Form s.* 1a).

Praet.: **rein:** *3. sg.* T 185,6. O 1,26,2.

Part. Praet.: **gi-rinan:** Gl 2,92,33 (*Würzb. Mp. th. f. 146, 9. Jh.*).

1) *jmdn.* (*auch sich*)/*etw.* (*mit etw.*) (*irgendwo*) *anfassen, berühren:*

a) *mit Akk. d. Pers./refl. Akk.:* (*Johannes der Täufer zu Jesus:*) zi thiu scalt thu mih rinan joh doufen scalk thinan O 1,25,7. sie (*die Volksmenge*) gerotun al bi manne inan (*Jesus*) zi rinanne [*vgl. omnis turba quaerebat eum tangere, Luc. 6,19*] 2,15,7; – *erw. mit* in + *Dat. d. Sache:* ih gifrumita uncusg ... mih rinento in minan lidin in lusti ubilero gitrogo [*vgl. in membris meis in concupiscentia malorum fantasmatum me tangendo, Hautkappe S. 14*] S 316,20 (*Wiedergabe des lat. Gerundiums im Abl. durch ein prädik. Attrib. im Nom.? Oder* -o *in Nachbildung des lat. Abl.? Oder ist* [h]rînanto *adv. anzusetzen?*);

b) *mit Akk. d. Sache:* mit diu her (*Jesus*) rein sin ora, heiltaz *cum tetigisset auriculam eius, sanavit eum* T 185,6. er (*der Teufel*) thar niheina stigilla ni firliaz ouh unfirslagana, then ingang ouh ni rine, ni si ekordi thie sine O 2,4,10 („*den Eingang soll auch nicht* (*irgend Jemand*) *berühren, es sei denn allein die Seinigen*", *Erdm. S. 388*). sie (*die Kranken*) wunsgtun, muasin rinan thoh sinan (*Jesu*) tradon einan in sinen giwatin [*vgl. rogabant eum ut vel fimbriam vestimenti eius tangerent, Matth. 14,36*] 3,9,9; – *erw. mit* mit + *Dat. d. Sache:* thaz wazar theist giwihit, sid druhin Krist quam uns heim inti iz mit sinen lidin rein [*vgl. dominus sacrosancti sui corporis intinctu baptismi lavacrum dedicavit, Hrab. zu Matth. 3,16*] O 1,26,2;

c) *Glossenwort:* chlochot hrinit foalaccit *adtrectat tangit palpat* Gl 1,44,5. hrinit *adrectat* 45,4. firlazzit firlazzit ni hrinit *linquit relinquit deserit* 200,25 (*zur ungewöhnlichen Übers. von deserere 'aufgeben, verlassen' sowie zum losen Bed.-Zushg. zwischen desertus 'verlassen, unberührt' u. dem ahd. Interpretament vgl. Splett, Stud. S. 279*). firlazzumes ni hrinumes *linquimus deserimus* 27 (*zu deserere vgl. o.* Gl 1,200,25).

2) *mit etw. in Berührung kommen* (*und es dadurch schädigen*), *mit Akk. d. Sache, bei sachl. Subj.:* ist thiu akus ju giwezzit ... ouh harto gislimit themo, then (*den Baum, bildl. den Menschen, der nicht gottesfürchtig ist*) si rinit [*vgl. iam enim securis ad radicem arboris posita est, Luc. 3,9*] O 1,23,52. thaz thaz korn scine, int iz gabissa ni rine 27,66; – *hieher auch, in unklarer Konstr.:* nelaz iz (*das Herabrinnende*) naezen nesmeruen hrinan daemo dolge S 40,25 (*nach Müller, Ahd. Lit. S. 281 „und lass es nicht nässen, nicht schmieren, rinnen auf die Wunde"; nach Kögel, Lit.-Gesch. I,2,498 dagegen „und lass es nicht die wunde Stelle netzen", wobei er* smeruen *u.* hrinan *als Gll. einer Vorlage einstuft, vgl. auch Eis, Fachprosa S. 28; Grienberger, Beitr. 45,411 schlägt eine Gliederung in* ne smeru enhrinan *mit Bezug auf ae.* onhrínan *'berühren' vor*).

3) *jmdn./etw. erreichen, treffen:*

a) *bei sachl. Subj., mit Akk. d. Sache, bildl.:* berga sculun suinan, ther nol then dal rinan [*vgl. omnis vallis implebitur, Marg. nach Luc. 3,5*] O 1,23,23 (*im Sinne von 'sich in der Höhe angleichen'?*);

b) *bei abstr. Subj., mit Akk. d. Pers./Sache:* dag inan (*denjenigen, der das Lob Mariens in Worte fassen könnte*) ni rinit, ouh sunna ni biscinit O 1,11,49. thiu min ougun nu thaz giscowotun, ... lioht, thaz thar scinit inti alla worolt rinit [*vgl. lumen ad revelationem gentium, Luc. 2,32*] 15,19. in finsteremo iz (*das Licht, d. h. Jesus*) scinit, thie suntigon rinit 2,1,47. (*Jesus zu seiner Mutter:*) sar so thaz irscinit, waz (*die menschliche Sterblichkeit*) mih fon thir rinit, so ist thir allen then dag thaz herza filu riuag [*vgl. quid sibi et matri commune esset, Alc. u. Beda zu Joh. 2,4*] 8,19 (*z. St. vgl. noch Erdm. S. 394 f.*). (*Jesus zu Nikodemus:*) ni firnimist thu ouh thanne, ... joh wanana thih rine thie selbun kunfti sine (*des Heiligen Geistes*) [*vgl. sed nescis, unde veniat aut quo vadat, Joh. 3,8*] 12,46. (*Jesus zu den Jüngern:*) mir limphit, thaz ih thenke, theih sinu (*Gottes*) werk wirke ... unz ther dag scinit joh naht inan ni rinit 3,20,15. tho zalt in (*den Jüngern*) thiu sin (*Jesu*) guati thio selbun arabeiti, thie sie scoltun rinan thuruh namon sinan 4,7,14.

4) *auf etw. zugreifen, Vok.-Übers.* (*?*): girinan oda giclophot [*sed nec res propriae episcopi* (*nach seinem Tode*) *tanquam obnoxiae, rerum ecclesiasticarum occasione, illius*] *pulsentur* [*iniuriae, Conc. Ant. XXIV, PL 84,128*] Gl 2,92,33.

5) *sich an jmdm./etw. vergreifen, mit Akk. d. Pers./Sache:* dher euuuih (*Israeliten*) hrinit, hrinit sines (*Gottes*) augin sehun *qui enim tetigerit vos, tangit pupillam oculi eius* I 10,21 (= *Zach. 2,8*).

6) *jmdn. mit Worten angreifen, mit Akk. d. Pers.:* nu sie (*die mißgünstigen Leser*) thaz ni mident, so hohan gomon (*sc. Hieronymus*) rinent, sie ouh thaz ni eltent, then gotes drut so sceltent O 5,25,75.

bi-**[h]rînan** *st. v., mhd.* berînen; *as.* bihrīnan, *mnd.* berînen. – *Graff IV,1158.*

Praes.: **pi-hrin-:** *part.* **-anti** Gl 1,64,20 (*Pa*); **-hrinnenti:** *dass.* ebda. (*Ra; zu* -nn- *vgl. Braune, Ahd. Gr.*[16] *§ 127 Anm. 1;* -nn- *vielleicht unter Einfluß von* rinnan *'fließen', so Splett, Stud. S. 122 u. Kögel S. 135*); **-endi** ebda. (*K*). – **pi-rin-:** *inf.* **-an** AJPh. 55,228; **bi-:** *1. sg.* **-u** T 60,4; *3. sg.* **-it** O 2,1,50; *1. sg. conj.* **-e** 1,27,58; *3. sg. conj.* **-e** 4,11,24; *3. pl. conj.* **-e** 1,25,6 (*mit Abfall des* -n *des Plur., vgl. Ingenbleek S. 8 u. Erdm. S. 380; gegen Ausg. Kelle hat P nicht* -nn-).

Praet.: **bi-rein:** *3. sg.* O 1,5,38 (*PV*). 5,4,26; **be-:** *dass.* S 380 (*Schlettst. unsign., Hs. 9. Jh.; Eintrag 11. Jh., Steinm.*). O 1,5,38 (*F*).

Verstümmelt: **pi-rin . n:** *inf.* Sprachwiss. 37,394 (*zweites* i *undeutlich, vielleicht mit* r *ligiert, l.* pirinan, *vgl. Nievergelt z. St.*).

1) *jmdn./etw.* (*irgendwo*) *anfassen, berühren:*

a) *mit Akk. d. Pers.:* (*Johannes der Täufer zu Jesus:*) wio mag sin . . ., thaz thih henti mine zi doufene birine? [*vgl. ego a te debeo bapticari, Marg. nach Matth. 1,14*] O 1,25,6;

b) *mit Akk. d. Sache:* oba ih sin giuuati birinu, thanne uuirdu ih heil *quodsi vel vestimentum eius tetigero, salva ero* T 60,4. (*Johannes der Täufer:*) so hoh ist gomaheit sin (*Jesu*), thaz mih ni thunkit, megi sin, theih scuahriomon sine zinbintanne birine [*vgl. cuius ego non sum dignus, ut solvam eius corrigiam calceamenti, Marg. nach Joh. 1,27*] O 1,27,58. thuruh thin (*Jesu*) heroti nist mir iz gimuati, thaz io fuazi mine zi thiu thin hant birine 4,11,24; *ferner:* 5,4,26; – *Glosse: etw.* (*Eßbares*) *anrühren:* pirinan [*quas* (*sc. carnes paratas*) *dum ille ad esum*] *contingere* [*pro abstinentiae amore recusaret, coeperunt eum parentes eius irridere, Greg., Dial. 1,1, PL 77,153C*] AJPh. 55,228;

c) *mit Ersparung des Akk., in einem Reim:* ig fant iz fersuant, ig berein iz fersuein S 380,11 (*Bestandteil einer lat. Formel gegen eine Krankheit, vgl. Steinm., ZfdA. 21,210*);

d) *in der Fügung* in . . . muot bi[h]rînan *zur Wiedergabe von lat. cognoscere '*(*von einem Mann*) *wissen', verhüllend für 'mit jmdm. Geschlechtsverkehr haben':* (*Maria:*) wio meg iz io werdan war, thaz ih werde suangar? mih io gomman nihein in min muat ni birein [*vgl. virum non cognosco, Luc. 1,34*] O 1,5,38 (*hätte Otfrid nur an 'in den Sinn kommen' gedacht, hätte er vielleicht eher auf eine Fügung mit* (gi)gangen *oder* (bi)queman *zurückgegriffen, vgl. die Belege s. v.* muot 1cα, *Ahd. Wb. 6,877*);

e) *Glossenwort:* pihrinanti nahist *contiguus proximus* Gl 1,64,20 (*zur Gll.-Grundlage vgl. Splett a. a. O. S. 122; zu lat. contiguus auch in der Bed. 'benachbart, angrenzend' vgl. Mlat Wb. II,1715*).

2) *jmdn. erreichen, treffen, mit Akk. d. Pers., bei abstr. Subj.:* sies (*des Lichts, d. h. Jesu*) ni wurtin anawart, so iz blintan man birinit, then sunna biscinit [*vgl. veluti si quilibet caecus iubare solis perfundatur, nec tamen ipse solem . . . aspiciat, Alc. in Joh. 1,5*] O 2,1,50.

3) *jmdm. anhängen, sich jmdm. anschließen:* pirinan [*quam porro magna sit laus*] *adhaerere* [*deo, ut ei vivat, inde sapiat, illo gaudeat, Aug., De civ. 12,1, PL 41,350*] Sprachwiss. 37,394.

Vgl. unbi[h]rinan.

rînanke *mhd. sw. m., nhd.* rheinanke (*vgl. DWb. VIII,855*), renke (*vgl. Kluge, Et. Wb.*[25] *S. 760*). – *Graff II,527.*

rein-anch: *nom. sg.* Gl 3,46,27 (*Melk K 51, 14. Jh.*).

Renke, Coregonus (*vgl. Brehm, Fische 3,394ff.*): *echinus* (*vgl. Mlat. Wb. III,1088,44f.; im Abschn. Versus de piscibus; 5 Hss.* salm).

? **rînanker** *st. m. oder* **-era** *st. f.* – *Graff II,527.*

rin-anchera: *nom. pl.* Gl 3,657,40 (*clm 18181, 11. Jh.*); *nach Splett, Ahd. Wb. I,2,750, Ahd. Gl.-Wb. S. 485 u. Gl.-Wortsch. 7,414* rînankera *Fem.*

Fischnetz: retia lacunaria (*danach* senezzi *retia stagnaria*).

[rinblód *ae. st. n.*

rin-blood: *nom. sg.* Gl 3,431,40 (*Marburg D 2, 13. Jh.*).

Hierher wohl auch, verschrieben: **rind-blood:** *nom. sg.* Gl 3,431,40 (*Erf. Octav 8, 12. Jh.*).

geronnenes Blut (*vgl. Michiels S. 51*): viscora beuillet flesc . dictum propter uiscum quod est rinblood . siue gillistr (*vgl. auch ae.* gerunnen blod *viscum Wr.-W. I,162,30*).]

[h]rind *st. n., mhd.* rint, *nhd.* rind; *as.* hrīth (*s. u.*), *mnd. mnl.* rint; *afries.* hrīther, hrēther; *ae.* hríðer. – *Graff IV,1171.*

hrind: *nom. sg.* Gl 3,6,59 (*Voc.*); *nom. pl.* -]**ir** 10,22 (*C*); *acc. pl.* -]**ir** 25 (*C*). – **hrithas:** *gen. sg.* Gl 2,583,6 = Wa 97,3 (*Düsseld. F. 1, Gll. 10. Jh.*).

rind-: *gen. sg.* **-ares** Gl 1,426,24 (*Rb; zur Endg. vgl. Braune, Ahd. Gr.*[16] *§ 197*); **-es** Nk 438,4 [81,22]; *dat. sg.* **-ere** Gl 1,454,2 (*M; Parallelhss. Plur., s. u.*); **-e** Npgl 103,14; *nom. pl.* **-ir** Gl 4,12,1 (*Jc*); **-er** Gl 1,454,3 (*M, 3 Hss.; Parallelhss. auch Dat. Plur. u. Sing., s. u.*). NpNpw 8,8. 49,10; *gen. pl.* **-iro** Gl 1,446,25 (*Rb*). 2,728,5 (*M, 3 Hss.*). 731,53. 764,41 (*clm 14747, 9. Jh.*); **-ero** Npgl 65,15; *dat. pl.* **-erun** Npw 103,14; **-eren** NpNpw 48,21. Np 103,14; **-run** Gl 1,454,1 (*M, 2 Hss.*); *acc. pl.* **-ir** 3,448,30 (*cgm 5248,2, 9. Jh.; oder nom., s. u.*). T 117,2. O 2,11,16 (*PV*). Np 65,15; **-er** O 2,11,16 (*F*). Nb 300,25 [229,30]. – **rint:** *nom. sg.* Gl 3,441,20. 23. Nk 438,1. 2. 18 [81,20 (2). 82,10]. NpNpw Cant. Abac. 17; *acc. sg.* Nk 438,3 [81,22]. Np 68,32.

Verschrieben: **ridrun:** *dat. pl.* Gl 1,454,2 (*M, clm 14689, Hs. 12. Jh.; fehlender Nasalstrich*).

Verstümmelt: **rind . . n:** *dat. pl.* Meineke, Basler Fragm. S. 106,17 (*M, Basel N. I. 3 Nr. 970, 10. Jh.; d. i.* rindrun, *vgl. Meineke a. a. O. S. 123,35a*).

Rind: inti pratun des rindares einaz fleisc *et assaturam bubulae carnis unam* [*2. Reg. 6,19*] Gl 1,426,24 (*zur Glossierung vgl. Meineke, Bernstein S. 159*). rindiro [*erat autem cibus Salomonis per dies singulos triginta cori similae et sexaginta cori farinae . . . et viginti boves pascuales . . . atque*] *bubulorum* [*3. Reg. 4,23*] 446,25. hrithas [(*respondit his Romanus:*) *Ecceum, praesto sum, meus iste sanguis verus est, non*] *bubulus* (*Hs. bubuli*) [*Prud., P. Rom.* (*X*) *1007*] 2,583,6 = Wa 97,3. rindiro [*misit eum abbas in proximum vicum, ut requireret ibi*] *fimum boum* [*Vitae patr. 502a,27*] 728,5 (*2 Hss.* mist rindiro ł gor). 731,53. zuuei gaiochi rindiro [*in alia autem stabat Luna fusilis ex argento habens*] *bigam boum* [*fusilem similiter ex argento, Pass. Sim. et Judae p. 539,14*] 764,41. hrind *armentum* (*vgl. Mlat. Wb. I,964,23f.*) 3,6,59. hrindir *animalia* (*vgl. Mlat. Wb. I,661,17ff.*) 10,22 (*danach* ohsun *boves*). *armentas* 25 (*davor* choi *vaccas*). rint *bos* 441,20 (*1 Hs.* ohso). *iuvenca* 23. rindir *bas* (*sc. vaccas, buculas* (?), *vgl. Steinm.*) 448,30 (*davor* ohsen *boves*). *pecua* 4,12,1. (*Jesus*) uzuuarf . . . scaf inti rindir inti tisgi thero fenninguuantalero *eiciebat . . . oves quoque et boves et mensas nummulariorum* T 117,2, *z. gl. St.* O 2,11,16. Cacus ter dieb . . . der Herculi siniu rinder ferstal Nb 300,25 [229,30]. noh Catonis rint neheizet sin rint relatiue . sunder possessiue *neque aliquis bos . s. ut est Catonis . alicuius aliqui bos* Nk 438,1. 2 [81,20 (2)]. er (*der Mensch*) sina era nebechanda . unde er be diu uuard . . . gelih rinderen unde rossen *homo cum in honore esset non intellexit . comparatus est iumentis insipientibus . et similis factus est illis* NpNpw 48,21. min (*Gottes*) sint alliu uuildiu tier . unde geuueidotiu feho in bergen . unde innestandiu rinder ze chripho *meae sunt omnes fere silvarum . iumenta in monti-*

bus et boves 49,10. smalez feho uuirt kenomen fone stigo . rint nestat ze chripho *abscindetur de ovili pecus et non erit armentum in praesepibus* Cant. Abac. 17. daz opfer (*sc. Lobgesang*) uuile got kernor . danne iungez rint *placebit deo super vitulum novellum* Np 68,32. non obdvrabis os bovi tritvranti (nieht neferbint den munt demo in drasc cantin rinde) Npgl 103,14 (Npw ohso); *ferner:* Nk 438,3. 4. 18 [81,22 (2). 82,10] (*alle bos*). NpNpw 8,8 (*bos*). 103,14 (*iumentum*); – *als figürliche Darstellung:* rindrun erinen [*et mare* (*sc. das große Wasserbecken*) *deposuit* (*König Ahas*) *de*] *bobus* (*Hs. bubus*) *aereis* [*4. Reg. 16,17*] Gl 1,454,1. Meineke, Basler Fragm. S. 106,17; – *im Plur. bildl. für die Glaubensverkünder:* pringo dir rindir sament dien bocchen . predicatores cum peccatoribus (prediare mit sundaren) *offeram tibi boves cum hircis* Np 65,15. hirci (poccha) neuuaren acceptabiles . ube in nehulfin die frehte dero boum (rindero) Npgl 65,15.

Komp. slegi-, suueig-, ûr-, zugi[h]rind; *Abl.* [h]rindirâri; [h]rindîn, [h]rindirîn.

Vgl. Heyne, Hausalt. 2,162, Palander, Tiern. S. 138f., RGA 24,638ff. s. v. Rind.

rindblood Gl 3,431,40 *s.* rinblód *ae.*

rindereszunge *mhd. sw. f.*

rinders-zunga: *nom. sg.* Gl 3,102,46 (*SH B, Eins. 364, 13. Jh.*).

Echte Ochsenzunge, Anchusa officinalis L. (*vgl. Marzell, Wb. 1,262ff.*): rinderszunga *buglossa vel lingua bubula vel bovis lingua vel corrago* [*Hbr. II,50,313/314*].

Vgl. [h]rindeszunga, rinderzunge *mhd.*

rinderhirte *mhd. st. m., nhd.* rinderhirte, *mnd.* rinderhērde, *ae.* hríðerhirde.

rinnir-hirte: *nom. sg.* Gl 3,670,31/32 (*Innsbr. 711, 13. Jh.; zu -nn- für nd vgl. Weinhold, Bair. Gr. § 171*).

Rinderhirt: ohsinar *buccularius, dazu Randgl.* rinnirhirte *bugolcus* (*vgl. Mlat. Wb. I,1597,44f. s. v. bubulcus; im Abschn. De bubus et ovibus et capris porcis eorum progenie*).

Vgl. [h]rindhirti.

rinderswaide Gl 3,648,2 *s.* [h]rindirsuueiga.

rinderzunge *mhd. sw. f., nhd.* rinderzunge.

Verschrieben: **rinder-zungo:** *nom. sg.* Gl 3,49,46 (*Frankf. Bl., Gll. 13. Jh.?*).

Echte Ochsenzunge, Anchusa officinalis L. (*vgl. Marzell, Wb. 1,262ff.*): *bubula* (*im Abschn. Versus de herbis; 1 Hs.* [h]rindeszunga).

Vgl. [h]rindeszunga, rindereszunge *mhd.*

[h]rindeszunga *sw. f., nhd.* (*älter*) rindszunge. – *Graff V,682.*

rindes-zung-: *nom. sg.* **-a** Gl 3,172,21 (*SH A, Anh. a*). 486,27; **-e** 49,46 (rīdeszūge); **rindis-:** *dass.* **-a** 102,44 (*SH A, 5 Hss., 1 Hs.* -v-). 198,19 (*SH B*). 5,35,43 (*SH A*); **-e** 3,102,46 (*SH A*).

Verschrieben: **rindins-zunga:** *nom. sg.* Hbr. I,190,257 (*SH A, Erl. 396, 13. Jh.;* -a *rad.*).

Echte Ochsenzunge, Anchusa officinalis L. (*vgl. Marzell, Wb. 1,262ff., bes. 263*): rindeszunge *bubula* Gl 3,49,46 (*1 Hs.* rinderzunge *mhd.*). rindiszunga *buglossa vel lingua bubula vel bovis lingua vel corrago* [*Hbr. I,190,257*] 102,44 (*3 Hss.* ohsenzunga). 5,35,43. Hbr. I,190,257. rindeszunga *buglossa* Gl 3,172,21. rindiszunga *buglossa vel lingua bubula vel bovis lingua vel corrago* [*Hbr. II,50,313/314*] 198,19 (*1 Hs.* ohsenzunga). rindeszunga *buglossa* [*i. lingua bubula, vgl. CGL III,553,28*] 486,27.

Vgl. rindereszunge *mhd.*, rinderzunge *mhd.*

[h]rindherta *st. f., mhd.* rinthert (*vgl. Findebuch S. 286*); *vgl. mhd.* rinderhert (*vgl. a. a. O.*), *nhd.* rinderherde, *ae.* hríðerheord.

rint-herda: *nom. sg.* Gl 4,197,40 (*sem. Trev.; zu -d- wohl unter md.-nd. Einfluß vgl. Pfeifer, Et. Wb.² S. 534 s. v.* herde).

Rinderherde: bucerna (*vgl. Mlat. Wb. I,1601,65f.; danach* uuisund *bubulus ł bubalus*).

[h]rindhirti *st. m.; ae.* hríðhirde (*vgl. Bosw.-T., Suppl. S. 567*).

rint-hird-: *nom. sg.* **-i** Gl 3,686,30 (*Berl. Lat. 8° 73, 11. Jh.*); **-ę** 4,197,44 (*vgl.* Katara S. 99,39 *u.* Anm. 11; *sem. Trev.; Steinm. fälschlich* reⁱnthirde); **-herde:** *dass.* 3,385,30 (*Jd*). 5,38,5 (*Glasgow S. 2. 17, Hs. 13. Jh.; -ᵉ*).

Rinderhirt: rintherde *bubulus* (*l. bubulcus, vgl. Steinm. u. Add. II,76*) Gl 3,385,30 (*danach* suein *subulcus*). *bubulcus* 686,30 (*davor* suinhirdi *subulcus*). 4,197,44. 5,38,5 (*davor* suinherde *subulcus ł porcaris*).

Vgl. rinderhirte *mhd.*

[h]rindîn *adj., mhd.* rindîn; *mnl.* rindijn (*?*).

rindineˢ: *gen. sg. n.* Gl 4,196,16 (*sem. Trev.*).

vom Rind: spizbrado rindines fleiskes *assatura* (*vgl. Mlat. Wb. I,1050,22ff*) [*wohl zu: et partitus est* (*David*) *multitudini universae* ... *assaturam bubulae carnis unam, 2. Reg. 6,19*] (*vgl.* Katara S. 86).

Vgl. [h]rindirîn.

rindinszunga Hbr. I,190,257 *s.* [h]rindeszunga.

[h]rindirâri *st. m.* – *Graff IV,1172.*

hrindirarae: *nom. pl.* Gl 2,341,11 (*clm 22053, 9. Jh.; zu* -ae *vgl. Braune, Ahd. Gr.¹⁶ § 198 Anm. 4a*). – **rinderære:** *nom. sg.* Gl 3,444,2.

Verschrieben: **ridderere:** *nom. sg.* Gl 3,444,2 (*Wien 804, 12. Jh.*).

Rinderhirt: hrindirarae [*hunc* (*actum, sc. ein Feldmaß*)] *baetici* (*Hs. boetici*) [*arapennem dicunt, ab arando scilicet, Is., Et. XV,15,4*] Gl 2,341,11 (*z. St. vgl. Mlat. Wb. I,1510,49ff. s. v. boeticus*). rinderære *bubulcus* (*Hs. bubulus, vgl. Mlat. Wb. I,1597 s. v. bubulcus*) 3,444,2.

[h]rindirîn *adj., mhd.* rinderîn, *nhd.* rindern; *as.* hrītherīn (*s. u.*), *mnd.* rinder(e)n, *mnl.* rinderijn; *ae.* hríðeren. – *Graff IV,1172.*

rind-iriniz: *nom. sg. n.* Gl 2,396,7; **-erin:** *Grdf.* 3,626,54; *gen. sg. n.* -]**es** 1,462,10 (*M, 3 Hss.*); **-arines:** *dass.* Meineke, Basler Fragm. S. 110,26 (*M*); **-rin-:** *nom. sg. n.* **-az** Gl 2,454,24 (*2 Hss.*); *gen. sg. n.* **-es** 1,462,9 (*M, 4 Hss.*). – **hritherinon:** *dat. pl.* Gl 2,581,21 = Wa 95,32 (*Düsseld. F. 1, Gll. 10. Jh.*).

Hierher wohl auch (*vgl. Ahd. Gl.-Wb. S. 485 u. s. u.*): **rīderē:** *Grdf.?* Gl 3,349,47 (*SH l, Darmst. 6, 12. Jh.; Gl. vom Korrektor nachgetragen, vgl. Wegstein, Stud. S. 116. 139. 212,16; zu den Nasalstrichen vgl. a. a. O. S. 111*).

Hierher wohl auch, verstümmelt (*vgl. auch Gl.-Wortsch. 7,416*): **ri . . :** *Grdf.* Gl 3,368,39 (*Jd; l.* rindren, *Anm.; anders Ahd. Gl.-Wb. S. 485 s. v.* rind *st. n.*).

vom Rind: rindrines [(*David*) *divisit universis per singulos ... partem assae*] *carnis bubulae* [*1. Paral. 16,3*] Gl 1,462,9. Meineke, Basler Fragm. S. 110,26. rindiriniz [(*Romanus*) *meus iste sanguis verus est, non*] *bubulus* [*Prud., P. Rom.* (*X*) *1007*] Gl 2,396,7 (*nach Gl.-Wortsch. a. a. O. noch Gl. taurinus*). 454,24 (*nach Gl.-Wortsch. a. a. O. noch Gl. bovinus*). mid hritherinon [*ultima et dementia est ... aras ofellis obsecrare*] *bubulis* [*ebda. 383*] 581,21 = Wa 95,32. rinderin *bovinum* (*vgl. Mlat. Wb. I,1550,54 f.*) 3,626,54 (*danach* swinin *porcinum*); – *hierher wohl auch:* rinderen *armillinae* (*Hs. -e*) Gl 3,349,47 (*nach Steinm. z. St. wohl aus urspr.* ringelen *entstellt, vgl. auch Gl.-Wortsch. 7,426 s. v.* [h]ringilî(n) *'kleiner Ring', wobei das Bezugswort armillina*(*e*) *wohl mit armilla 'Armreif, Ring' gleichgesetzt wurde; die Glossierung durch* rinderen *scheint dagegen armillina*(*e*) *an armentale 'Rinds-'* (*vgl. Mlat. Wb. I,963,33 f. s. v. armentalis*) *angeschlossen zu haben; zu sonst nicht belegtem armillin*(*a*)*e vgl. noch Diefb., Nov. Gl. S. 34 u. Mlat. Wb. I,966,59 f.; Suffigierung von armilla mittels -inus?*). rindren *subula* (*sc. bubula*) 368,39 (*davor* wiesenden *bubalina*).

Vgl. [h]rindîn.

[h]rindirstal *st. m., auch ?* **[h]rindirostal** *st. m., mhd.* rinderstal, *nhd.* rinderstall. – *Graff VI,674.*

rindir-stal: *nom. sg.* Gl 3,670,6. 4,133,24 (*Sal. c;* -i^{r}-); **rinder-:** *dass.* 3,295,5 (*SH d;* -er,^{stal}). 691,5.

rindro-stal: *nom. sg.* Gl 2,375,74 (*Wien 114, 10. Jh.; zur Form des Erstglieds vgl. Gröger § 20; vgl. Gl.-Wortsch. 7,416 s. v.* rindirostal *st. m.*).

Verschrieben (*?*): **rindi^{s}-stal:** *nom. sg.* Gl 4,197,38 (*sem. Trev.; l.* rindir- *oder* rinder-*; nach Katara S. 49 dagegen unter Annahme eines Gen. Sing. als Erstglied* rindisstal, *vgl. auch Splett, Ahd. Wb. I,2,750 s. v.* rindesstal).

Rinderstall: rindrostal [*in 'ar' Latina et Graeca inveniuntur ... ut ... hic '*] *bostar* [*bostaris', Prisc., Inst. II,222,4*] Gl 2,375,74. rinder*stal* *bostar* 3,295,5. 691,5. 4,197,38 (*nach Katara S. 99 noch statio boum*). *bocetum* (*sc. bu-*) *uł bostar* (*Hs. ho-*) 3,670,6 (*im Abschn. De bubus et ovibus et capris porcis eorum progenie; vgl. Mlat. Wb. I,1601,70 ff.*). *bocetum* (*sc. bu-*) 4,133,24; *zu lat. bucetum auch in der Bed. 'Kuhweide' vgl. DML I,221^{c}.*

Vgl. [h]rindstal.

[h]rindirsuueiga *st. f. – Graff VI,862.*

Verschrieben: **rinder-swaide:** *nom. sg.* Gl 3,648,2 (*Wien 804, 12. Jh.; l.* -swaige, *Steinm.; Kontamination mit* uueida).

Rinderweide oder -herde: vaccaria (*danach* swaige *armentarius; zu vaccaria vgl. DML XVII,3580^{b}*).

rindi^{s}stal Gl 4,197,38 *s.* [h]rindirstal.

[h]rindstal *st. m., frühnhd.* rindstall (*vgl. DWb. VIII,978*). – *Graff VI,674.*

rind-stal: *acc. sg.* Gl 1,271,4 (*Jb-Rd*).

Rinderstall: suueiga rindstal [(*Abraham*) *ipse vero ad*] *armentum* [*cucurrit, et tulit inde vitulum tenerrimum, Gen. 18,7*] (*zu lat. armentum '*(*Großvieh-*)*herde' u. 'Schwaige' vgl. Mlat. Wb. I,964*).

Vgl. [h]rindirstal.

[h]ring *st. m., mhd.* rinc, *nhd.* ring; *mnd. mnl.* rinc; *afries.* hring; *ae.* hring; *an.* hringr. – *Graff IV,1165 ff.*

hrinc: *nom. sg.* Gl 1,104,22 (*PaK*). – **hrincga:** *acc. pl.* Gl 2,223,1 (*clm 18550,1, 9. Jh.*). – **hring-:** *nom. pl.* **-a** Gl 1,245,35 (*R*); *acc. pl.* **-a** 272,17 (*Jb-Rd*). 279,43 (*Rd; lat. Nom. Sing., s.* III 3*; anders Ahd. Gl.-Wb. S. 486 s. v.* [h]ringa). 337,41 (*Ju; oder zu* [h]ringa, *so Ahd. Gl.-Wb. a. a. O.*).

rinch: *nom. sg.* Gl 1,417,14. 439,50 (*5 Hss.*). 518,57. 633,12 (*7 Hss.*). 2,301,5 (*alle M*). 3,226,22 (*SH a2, 2 Hss.*). 268,50 (*SH b*). 295,4 (*SH d*). 312,11 (*SH e, 2 Hss.*). 329,43 (*SH g, 3 Hss.*). 394,21 (*2 Hss.*). 4,87,39 (*Sal. a1, 3 Hss.; nach Gl.-Wortsch. 7,420 dagegen 1 Beleg* ring). 103,37 (*Sal. a1, 2 Hss.*). 138,12. 155,50 (*beide Sal. c*). 182,47. 184,6 (*2 Hss.*). Beitr. 73,222,17 (*nach* Gl 4,163,20*; Sal. c*). Hbr. II,108,59 (*SH a1*). Mayer, Glossen S. 121,4. Thies, Kölner Hs. S. 160,6 (*SH*); *acc. sg.* Gl 1,332,6 (*6 Hss.*). 397,25 (*3 Hss.*). 417,14 (*5 Hss.*). 439,50 (*alle M*). 500,11 (*M, 8 Hss., 1 Hs.* rīch). 2,461,66. O 3,17,9 (*F*). 4,22,21 (*F*). Npgl 95,10. – **rinck:** *nom. sg.* Gl 4,103,38 (*Sal. a1*). – **rinc:** *nom. sg.* Gl 1,332,6 (*M*). 334,15 (*clm 6411, Hs. 9. Jh.*). 342,9. 439,51 (*M, 3 Hss.*). 633,12 (*M, 2 Hss.*). 2,7,26 (*clm 6404, Hs. 9. Jh.*). 412,15. 528,1. 3. 549,3. 3,128,57 (*SH A, 4 Hss.*). 219,12 (*vgl.* Hbr. II,108,59*; SH a1, 2 Hss.*). 226,21 (*SH a2, 3 Hss.*). 253,34 (*SH a2, 2 Hss.*). 296,50 (*SH d*). 314,7 (*SH e, 2 Hss., 1 Hs.* -k). 324,8 (*SH f*). 331,32 (*SH g, 3 Hss.*). 375,25 (*Jd*). 409,55 [HD 2,76]. 420,73 [HD 2,488]. 496,3. 617,42 (rinc *zweifelhaft, Steinm.*). 4,87,38 (*Sal. a1, 2 Hss.*). 103,36 (*Sal. a1, 5 Hss.*). Hbr. I,266,234 (*SH A*). Stricker II,43,13 (*SH;* rīc). Thies, Kölner Hs. S. 163,4 (*SH*); *acc. sg.* Gl 1,332,6. 397,26 (*4 Hss.*). 417,13 (*2 Hss.*). 500,13 (*alle M*). 2,248,5 (*Berl. Lat. 4° 676, 9. Jh.*). 441,43. 510,27. 548,52. S 302,2. Npw Cant. Annae 8. – **ring:** *nom. sg.* Gl 2,630,46. 665,35. 3,128,58 (*SH A*). 180,31 (*SH B*). 268,49 (*SH b*). 4,87,37 (*Sal. a1, 4 Hss.*). Beitr. 73,247,34. Meineke, Ahd. S. 37,328 (*Sal. a1*). Nb 230,20. 280,3. 4 [185,19. 216,18. 19]. Nc 790,1. 791,26. 792,27. 837,15. 27 [107,15. 109,16. 110,20. 159,1. 11]. Nk 464,24 [109,17]; *gen. sg.* -]**es** Gl 1,518,55 (*M, 3 Hss., in 1 Hs.* -s *von jüngerer Hand hinzugefügt*). 2,460,62 (*3 Hss.*). 663,55 (rạ̊n-). 674,16. 765,19 (*clm 14747, 9. Jh.*). Nb 139,20. 208,27 [118,27. 171,9]. Nc 738,20 [54,13]. Npw 17,16; -]**is** Gl 2,474,30 (*2 Hss.*). 549,66. 550,72. Pw 18,5. 71,8. Nk 464,11. 23 [109,1. 17]; *dat. sg.* -]**e** Gl 1,518,56 (*M, 5 Hss.; 1 Hs.* ę, *durch Rasur korr. in* e). 2,37,52 (*Vad. 336, Hs. 9. oder 10. Jh.*). 458,29 (*2 Hss.*). 543,41. 655,40. 665,74. 750,8. 4,339,26. Beitr. (Halle) 85,233,3. O 3,20,54. 25,3. 4,19,8. 5,17,28. 20,56 (*FPV*). Nc 721,31. 722,2. 817,2 [38,19. 21. 135,21]; *acc. sg.* -] Gl 2,632,31. 642,59. 667,24. 4,337,7. Thoma, Glossen S. 20,24. O 3,17,9 (*PV*). 4,22,21 (*PV*). Nc 721,27. 28. 722,8. 792,29. 826,8. 846,25 [38,17. 18a. 39,3. 110,21. 145,19. 170,7]. Npgl 42,3; *instr.* -]**v** Gl 2,635,14; *nom. pl.* -]**a** 1,323,4. 334,20 (*vgl.* Gl 5,90,15*; Fulda Aa 2, 10. Jh., Carlsr. Aug. CCXLVIII, 10. Jh.; oder zu* [h]ringa, *so Ahd. Gl.-Wb. S. 486*). Nc 721,15. 780,8. 807,27 [38,7. 97,8. 126,16]. Nk 464,12 [109,3]; -]**i** Gl 4,160,58 (*Sal. c*); *gen. pl.* -]**o** Nb 277,27 [215,3]. Nc 729,20. 22 [46,12. 14]; *dat. pl.* -]**un** Gl 2,654,72 (ri^{n}g-). 702,56; -]**en** 155,30 (*Sg 183, Gll. 11. Jh.*). 3,409,46 [HD 2,75]. Nc 709,10. 721,21. 791,26 [25,12. 38,11. 109,15]; -]**in** Gl 2,400,30. 412,14. 644,23 (*clm 18059, Gll. 11. Jh.?*). 663,56 (ri^{n}g-). 671,36 (*beide clm 18059, Gll. 11. Jh.* (*?*)*;* -in *erwägt Velthuis S. XXXIX in allen drei Belegen als Form der* i- *Dekl.*). 692,72. 705,26; *acc. pl.* -]**a** 1,272,67 (*Jb-Rd*). 279,43 (*Jb; lat. Nom. Sing., s.* III 3*; anders Ahd. Gl.-Wb. S. 486 s. v.* [h]ringa). 323,37. 331,40 (*M, 4 Hss.*). 336,32 (*Rb; oder zu* [h]ringa, *so Ahd. Gl.-Wb. a. a. O.*). 383,27 (*3 Hss., darunter Sg 295, Gll. 9./10. Jh.* (*?*)*, Sg 9, 9. Jh.*). 393,16. 398,34 (*M, 4 Hss.*). 447,30. 584,25 (ri^{n}g-). 654,3 (*alle Rb*). 2,204,2. 210,27. 404,39. 457,47 (*2 Hss.*). 524,52. 527,14. 542,77. 629,36. 4,223,35 (*clm 19410, 9. Jh.*). 265,30 (*M*). S 1,6 (*Hildebr.;*

Ausg. hringa). Nc 729,20. 739,27. 783,14. 789,21. 25. 839,13 [46,12. 55,17. 100,16. 107,8. 12. 161,3]; -]**e** Gl 1,331,41 (*M, 3 Hss.*). 398,35 (*M*). 2,410,39. 610,62. 3,409,29 [HD 2,75]. – **rinhe:** *dat. sg.* S 94,3 (*Georgsl.; Ausg.* ringe; *zu* -h- *statt* g *vgl.* maneha S 94,7, gahnenten S 95,20 *mit Beitr. 47,458. 460, zum Ausfall des* g *bei* ng *vgl. Schützeichel, Codex S. 91 f.*). – **rigin:** *dat. pl.* Gl 2,652,16 (*clm 18059, Gll. 11. Jh.?*); *zu einer evtl. Form der i- Dekl. vgl. Velthuis S. XXXIX; zu* -g- *für* ng *vgl. Schatz, Ahd. Gr. § 281, oder verschr., vgl. Velthuis a. a. O.*

Mit einer Form der i-Dekl. (vgl. Velthuis S. XXXIX): **ringi:** *acc. pl.* Gl 2,35,3 (*Frankf. 139, 12. Jh.*). 79,12 (*mus. Brit. Arund. 514, 10./11. Jh.*).

Verschrieben: **hric:** *nom. sg.* Gl 1,104,22 (*Ra; zum fehlenden Nasal vgl. Splett, Stud. S. 170*); **rinę:** *dass.* 4,103,37 (*Sal. a1*); **reinge:** *acc. pl.* 253,12 (*M, Goslar 2, 14. Jh.*).

Verstümmelt: **..inge:** *dat. sg.* Gl 3,8,5 (*Voc.; zur Ergänzung* hringe *vgl. Steinm. z. St.*); **r..:** *dass.* O 5,20,56 (*D*).

[*Ae. ist:* **hringas:** *acc. pl.* Gl 1,334,20 (*vgl.* Gl 5,90,15; *Bern 258, 11. Jh.; oder zu* [h]ringa, *so Ahd. Gl.-Wb. S. 486*); **hrincas:** *dass.* 5,154,17 (*Rz, zur ae. Glossierung vgl. CCCM 189B,12,100; oder zu* [h]ringa).]

ringa Gl 3,216,44 *s.* [h]ringa.

I. *Ring als Gegenstand:*

1) *als Schmuck:*

a) *Ohrring (vgl. Heyne, Hausalt. 3,336 ff.):* ringa [*ornavi te (Jerusalem) ornamento ... Et dedi inaurem super os tuum, et*] *circulos* [*auribus tuis, et coronam decoris in capite tuo, Ez. 16,12*] Gl 1,654,3;

b) *Halsring:* culdinen ring halscold [*collo*] *torquem aeream* [*circumposuit (sc. der Pharao dem Joseph), Comm. in Gen. = Gen. 41,42*] Thoma, Glossen S. 20,24 (*zur Bed. vgl.* halsboug *u.* halsring, *Ahd. Wb. 4,640 u. 643 sowie Heyne a. a. O. 342; anders Meineke, Stud. S. 203,462b mit der Bed. 'Kette'*).

2) *als Wertgegenstand, Vok.-Übers. von anus 'Gesäß, Beule' (vgl. Thes. II,1,200,68, Sleumer S. 116, Mlat. Wb. I,729,2):* ringa [*(als Sühneabgabe für den Raub der Bundeslade) iuxta numerum provinciarum Philisthinorum quinque*] *anos* [*aureos facietis, 1. Reg. 6,5*] Gl 1,272,67. 393,16. 398,34. 4,223,35. 265,30; *zur Wiedergabe der Stelle auch im Ae. vgl. DOE A to H online s. v.* hring *1.a.v., wo ebenfalls die Bed. 'Ring' u. nicht eine Körperteil- oder Kankheitsbez. (Hämorrhoiden?) angenommen wird.*

3) *als Mittel der Verbindung u. Befestigung:*

a) *an Gebäudeteilen, Einrichtungsgegenständen, Gewändern:* fingiri hringa [*facies in rationali ... duos*] *annulos* [*aureos, quos pones in utraque rationalis summitate: Catenasque aureas iunges annulis, Ex. 28,23*] Gl 1,272,17 (fingiri *Vok.-Übers.*), *z. gl. St.* ringa 331,40. 334,15. 4,253,12. ringa [*facies ... quatuor circulos aureos, quos pones per quatuor arcae angulos: duo*] *circuli* [*sint in latere uno, et duo in altero, ebda. 25,12*] 1,323,4. ringa *circulos* [*Greg., Cura 2,11 p. 33 = ebda.*] 2,204,2. 210,27. 223,1. ringa [*facies et quinquaginta*] *circulos* [*aureos quibus cortinarum vela iungenda sunt, ut unum tabernaculum fiat, Ex. 26,6*] 1,323,37; *hierher wohl auch:* ringe *anulos* 3,409,29 [HD 2,75]. ringen *anulis* 46 [HD 2,75] rinc *anulus* 55 [HD 2,76];

b) *als Fessel (oder als Vok.-Übers. zu 1?):* armpovc, *darüber* rinch pouc *armilla* [*perforabis maxillam eius (des Ungeheuers Leviathan)? Armilla ubi ponitur, ambiendo constringit, Greg., Hom. II, 25 p. 1550 = Job 40,21*] Gl 2,301,5 (*1 Hs. nur* armpouc);

c) *hierher auch:* inti ringa *et anulas* (*-n- aus m rad.*) [*zu: fecit ... Hiram lebetes, et scutras,*] *et hamulas* [*, et perfecit omne opus regis Salomonis in templo domini, 3. Reg. 7,40*] Gl 1,447,30 (*das Femininum hamula 'kleines Gefäß', vgl. dazu Georges, Handwb.*[11] *1,3010, Sleumer S. 373, Thes. VI,3,2522,54 ff., wurde korr. u. wohl mit dem Mask. lat. anulus verwechselt; vgl. noch* [h]ringilî(n) b).

4) *einzelner Ring am Ringpanzerhemd (vgl. O'Sullivan, Waffenbez. S. 30 f. 219 f., RGA 25,431 ff., Engelmann, Psychomachia S. 92):* ringin [*squalentia quamvis texta ... acumen ...*] *hamis* (*Glosse: circulis, vgl. PL 60*) [*respuerent, Prud., Psych. 675*] Gl 2,400,30 (*zu hamus auch in der Bed. 'Kettenglied' vgl. DML IV,1133*[c], *vgl. auch Diefb., Gl. S. 273*[a] *u. ders., Nov. Gl. S. 200*). 412,14. rinc [*qua sese extrema ...*] *squama* [*ligat tunicae, ebda. 680*] 15 (*zu squama auch in der Bed. 'Ring' vgl. Diefb., Nov. Gl. S. 346*). 549,3. ringa [*provida ... Virtus ... induerat thoraca humeris, squamosaque ferri texta per intortos conmiserat undique*] *nervos* (*Glosse: circulos, vgl. PL 60*) [*ebda. 127*] 524,52. ringin [*stipatque carinis ingens argentum ..., loricam consertam*] *hamis* [*auroque trilicem, Verg., A. III,467*] 652,16. ringun [*(Aeneas) levibus huic*] *hamis* [*consertam auroque trilicem loricam ... donat habere, ebda. V,259*] 654,72. ringe [*nec duplici*] *squama (ama)* [*lorica fidelis et auro sustinuit, ebda. IX,707*] 665,74 (*vgl. squamae ... sunt loricarum catenae in modum squamae compositae, Serv.; ama ist nach Steinm. als lat. hama zu lesen, dabei ist das zweite a aus o korr., d. h. aus dem Abl. von lat. hamus; Korr. unklar*). (Hiltibrant enti Hađubrant) iro saro rihtun, garutun se iro guðhamun, gurtun sih iro suert ana ... ubar ringa S 1,6 (*Ausg.* hringa; *nach Lühr, Hildebr. S. 414 f. hat* ring *im Plur. an dieser St. die Bed. 'Panzer'*); *hierher vielleicht auch:* rinc *circulus* Gl 3,375,25 (*zwischen Waffenbez.*).

5) *Ring an der Tür zum Anklopfen (vgl. dazu Heyne a. a. O. 1,230 mit Anm. 74) oder Ring, an dem ein Schlüssel hängt (?):* clavis sluzzil ... *circulus vel orbis* rinc [*Hbr. I,266,234*] Gl 3,128,57 (*im Abschn. De aditibus; vgl. Diefb., Gl. S. 121*[c] *s. v. circulus*). Hbr. I,266,234. ring *circulus vel orbis* Gl 3,180,31 (*im Abschn. De sacris aedificiis; hinter* grendil *vectis,* slûzzel *clavis, vor* gruntfeste *fundamentum,* plaster *cementum*); *hierher vielleicht auch:* rinch *diritz* 394,21 (*Hildeg., lingua ignota; in einer Hs. davor* schella, glochga, seil, *danach* himelza).

6) *um eine Radnabe laufender Kranz:* also dero manigon ringo die an demo rade umbe einen steft uuerbent . ter under allen der innerosto ist . ter nahost stefte ist ... Ze dero selbun uuis uuirt taz peuuvnden mit meren bendelen . des fati . daz ferro gerucchet fone demo foreganden uuillen *ut orbium circa eundem cardinem sese vertentium . qui est intimus ad simplicitatem medietatis accedit* [*vgl. circulorum, X*] Nb 277,27 [215,3] (*zum Rad u. dessen bildlicher Darstellung im Mittelalter vgl. Heyne a. a. O. 2,28–33, RGA 10,116, LMA 7,384, Vollmer, Fortuna S. 139 ff., bes. S. 146 u. Abb. 4 ff.; zum Rad bei Notker vgl. Ahd. Wb. s. v.* rad 1aα *u.* 1bα, *zum* rad himiles *vgl. ebda.* 3).

7) *Scheibe oder Ring beim Losverfahren in mythologischem Zushg.:* Imarmene ... infieng tie fone dero uuerbun springenten ringa . mit iro geuuundenen brusttuoche *excipiebatque Imarmene ex volubili orbe decidentes speras . i. giros ... inflexo peplo pectoris* [*vgl. speras .i. giros quos rota faciebat, Rem.; Inarmene,*

quae in sinu suo cadentes s o r t e s *ex urna Adrastiae recipit, Joh. Scot.*] Nc 739,27 [55,17] (*zum Lat. vgl. Shanzer, Commentary S. 142 f. sowie Zekl, Hochzeit S. 59 „die aus der sich drehenden Kreisöffnung herausgefallnen Kügelchen", zum Losverfahren mit Kugeln oder Plättchen vgl. RAC 23,487 u. Hwb. d. dt. Abergl. 5,1370 f.; zum abstr. oder konkreten Gebrauch von gyros vgl. Mlat. Wb. IV,891,43 ff. u. 55 ff.*).

II. *Kreislinie:*

1) *als geometrische Figur:* rinc [*quem (den Bischof Fulgentius) ... feroces Gothi ... uno in loco stare praeceperunt, eique in terra*] *circulum* [*designaverunt, extra quem pedem tendere nullo modo auderet, Greg., Dial. 3,12 p. 300*] Gl 2,248,5. zite loufent ... euuigheit stat ... also der ring gagen demo stupfe . der in mittemen stat. Ter ring habet sinen gang umbe . unde sina maza . unde sina uuiti Nb 280,3. 4 [216,18. 19]. du (*Philologia*) chure in geometria ... uuaz ter ring umbebiege . daz chit . uuio al umbegebogener reiz . ten ring machoe *quid torqueat circulus* [*vgl. in orbem agat, Rem.*] Nc 792,27. 29 [110,20. 21]. an sumelichen (*Büchern*) uuaren ringa gebildot . unde reiza . unde halbiu teil des himeles . also uuir in astronomia sehen *in aliis circuli . lineaeque . hemisperiaque* [*vgl. orbes planetarum dicit. Hemisperiaque .i. semicirculi. Duo autem sunt caeli hemisperia, Rem.*] 807,27 [126,16]. souueliu io driscozis . unde ringis notmez infangen habint . tiu sint ouh pe note driscoze unde ringa *quaecumque diffinitionem trianguli recipiunt et circuli . omnia similiter triangula . vel circuli sunt* Nk 464,11. 12 [109,1. 3]; *ferner:* 23 (*circulus*). 24 [17 (2)].

2) *Kreisform, kreisförmige Anordnung:* ringi [*quae (die Weltseele) cum secta duos motum*] *glomeravit* [*in*] *orbes* [*Boeth., Cons. 3,9 p. 71,15*] Gl 2,79,12 (*z. St. vgl. Gruber, Boethius S. 283*). ringe [*scientes belli ...*] *orbis* (*Hs. -es*) [*facere atque ita ab omnibus partibus simul tecti et instructi hostium vim sustentabant, Sall., Iug. 97 p. 349,10*] 610,62. ring [(*die kämpfenden Bienen*) *glomerantur in*] *orbem* [*Verg., G. IV,79*] 642,59 (*vgl. glomerantur in orbem; more bellantium, Serv.; nach Gl.-Wortsch. 7,417 noch Gl. globus; nach Gl.-Wortsch. a. a. O. 'Haufen'; oder glomerare in orbem 'sich zu einem Knäuel zusammenballen', vgl. auch Koch, Verg.-Wb. S. 136 s. v. glomero; oder eher zu* III, *so Erren, Georgica 2,814*); *hierher vielleich auch, in freier Übers.:* ring [*hos populos cernens praecelsa rupe resedit (Jesus) ac sic discipulis*] *gremium cingentibus* [*infit, Juv. 1,453*] 4,337,7 (*vgl. Ertmer, Juv. S. 111 f.*).

3) *Parallelkreis, in der Astronomie* (*vgl. Grebe, Mart. Capella S. 522 ff.*): uueliu uuas quon zellen ... die sinuuelben finf ringa die Latine heizent ęque stantes? *quae ... orbiculata parallela ... numerare . nisi ... Philologia ... consuevit?* [*vgl. parallela interpretantur aequistantia. Sunt autem quinque circuli scilicet septentrionalis qui et arcticus . solstitialis . aequinoctialis . brumalis . australis qui et antarcticus, Rem.*] Nc 729,20 [46,12] (*z. St. vgl. Glauch a. a. O. S. 451 Anm. 1 u. 453*).

4) *Kreisbahn:*

a) *Planetenkreis, -bahn* (*vgl. Grebe a.a. O. S. 499 f. 815*): ringa [*serva ... quos ignis caelo Cullenius erret in*] *orbis* (*Hs. -es*) [*Verg., G. I,337*] Gl 2,629,36. uuaz mag in uuerelte sin . iz neuuerde umbefangen mit tien ringen dero planetarum? [*vgl. quicquid enim in mundo est sinibus planetarum ambitur atque circumdatur, Rem.*] Nc 709,10 [25,12]. tie himelisken sperę . unde iro siben ringa . sungen in einhellen luton *superi autem globi orbesque septemplices . s. planetarum ... armonicis tinnitibus concinebant* [*vgl. orbes .i. circuli, Rem.*] 721,15 [38,7]. die sangcutenna ... die ufen dien ringen einzen gesazen *musas ... quae ... singillatim circulis ... constiterunt* 21 [11]. Bona Fama begreif ten niderosten ring . ih meino ufen demo manen gestateta si *Clyo citimum circulum . hoc est in luna collocavit hospicium* 722,8 [39,3]. die ... in hohi haldenten underlaza dero planetarum ringo *obliqua ... limmata* [*vgl. obliqua limmata spatia vocat intra caelestes circulos quae musica ratione vel tono vel semitonio comprehenduntur, Rem.*] 729,22 [46,14] (*z. St. vgl. Grebe a. a. O. S. 813 ff.*). der selbo ring Saturni . der sih tarumbe (*d. i.* Iouis circulum) drata der sang in doriscun *idem orbis quem circuire nitebatur . melo dorio tinniebat* [*vgl. circulus Saturni, Rem.*] 837,15 [159,1]. doh uuas sin (*Saturns*) geuualt so filo mero . so filo sin ring uuitero uuas *cui tamen potestas maior pro circi granditate ... habebatur* [*vgl. pro circi granditate quia in XXVIII annis ipsum percurrere perhibetur, X*] 27 [11]. si (*Philologia*) sahe die glizenten speras . tero manigon sternon . unde die geflohtenen ringa in einandere . unde ... dia speram diu den uzerosten bifang machot . sueibonta mit vuunderlichero drati *videretque praeterea fulgentes crebrorum syderum globos . et circulorum alterna illigatione texturas ... speram . quae ambitum cohercet ultimum . miris raptibus incitatam* [*vgl. globos .i. speras et rotunditates stellarum in caelo fixarum, Rem.; texturas commissuras absidarum dicit dum unaquaeque planeta in regionem alterius planetae currit atque ideo mutant colores, Joh. Scot.; speram quae coercet ultimum ambitum . speram caelestem dicit, Rem.*] 839,13 [161,3]; *ferner:* 721,27 (*circulus*). 28. 31. 722,2. 729,20 (*circulus*). 780,8 (*circulus*). 783,14. 789,21 (*orbis*). 25 (*circus*). 817,2. 826,8 (*beide circulus*) [38,17. 18a. 19. 21. 46,12. 97,8. 100,16. 107,8. 12. 135,21. 145,19];

b) *vom Fixsternkreis:* (muot) hohor gestigenez . selben den himel erreiche . ih meine daz firmamentum . daz kemeine ring ist . allero dero anderro sternon . die in heitero naht skinent (*mens*) *recurrat circulum astri . quocumque micans nox pingitur* Nb 230,20 [185,19] (*zur Bed. vgl. Scheible, Gedichte S. 131*); – *hierher wohl auch:* rinc [*caeli ...*] *orbis* (*Glosse: circulus, vgl. PL 60*) [*, cuius planitiem longo transmittere tractu circinus (sc. die Sonne) ... laborat? Prud., Symm. I,322*] Gl 2,528,3. so sie (*die göttlichen Himmelsbewohner*) fone allen landen des himelis daz chit fone allen zonis sus keladot uuurten . so uuurten do die uzenan ringes heizent . fone selbes tes prutegomen manungo geladot *ex cunctis igitur caeli regionibus advocatis diis . caeteri quos azonos . i. extra zonas habitantes vocant . ipso commonente Cillenio . convocantur* [*vgl. extra circulos, Joh. Scot.*] Nc 738,20 [54,13] (*z. St. vgl. Glauch, Mart. Capella S. 494, Gocht, Mythologie S. 69 f.*). tu (*Philologia*) gesihest ... uuelih nusta sie (*die Planetenkreise*) umbehabee. Uuanda ultima spera . daz chit cęlestis spera . umbehabet tie andere . unde uuio manige dero engeron . der uuitero ring umbehabe *aspicies ... quae nexio claudat . et quantos . i. quot globos ambiat curva orbita* [*vgl. quantos ... circulos aliarum planetarum ambiat ... obliquus circulus, Rem.*] 790,1 [107,15]; – *bez. auf den Tierkreisgürtel als Teil des Fixsternkreises:* thia sunnun joh then manon so ubarfuar er (*Jesus bei seiner Himmelfahrt*) ... joh allan thesan woroltring ... thiu zuelif zeichan ellu ... in themo uahalden ringe O 5,17,28 (*zum Bezug auf die Ekliptik vgl. Erdm. S. 474, Kelle, Glossar S. 723*).

III. *Kreisfläche,* (*gewölbte*) *Scheibe:*

1) *bez. auf die Sonne:* ringe [*rota lurida solis ... excidium sentit iam iamque futurum, seque die medio velandum tegmine glauco, splendoremque poli periturum nocte diurna*] *orbe* (*Glosse: solis circulo, vgl. PL 59*) [*repentinis caput obnubente tenebris, Prud., Apoth. 630*] Gl 2,458,29. rinc [*quamvis nonnullis placeat terram breviore dicere circuitu, quam sit pulcerrimus ille*] *circulus* [*ders., Symm. I,320*] 528,1 (*nach Gl.-Wortsch. 7,417 'Bahn'*). ringe [*quique alii horrificis pendent in nubibus ignes luciferum timuere novum: rota lurida solis haeret et excidium sentit iam iamque futurum, seque die medio velandam tegmine glauco, splendoremque poli periturum nocte diurna*] *orbe* (*Glosse: solis circulo, vgl. PL 59*) [*repentinis caput obnubente tenebris, ders., Apoth. 630*] 543,41. ring [*si ... lucidus*] *orbis* [*erit, frustra terrebere nimbis, Verg., G. I,459*] 630,46 (*zu orbis 'Sonnenscheibe' vgl. Erren, Georgica 2,241*).

2) *bez. auf einen Rundschild:* ring [(*Aeneas*) *totum clipei ferro deiecerat*] *orbem* [*Verg., A. X,546*] Gl 2,667,24 (*nach Gl.-Wortsch. 7,419 'Ring'*).

3) *flacher oder gewölbter Schmuckgegenstand, erhabene Rundung* (*nach Gl.-Wortsch. 7,419 überwiegend 'Ring'*): bullas id est ringa uel torqueus in collo equum [*zu: Gedeon ... tulit ornamenta ac*] *bullas* [*, quibus colla regalium camelorum decorari solent, Jud. 8,21*] Gl 1,383,27 (*vgl.* CCCM 189A, 336,56. 430,37 *u.* Gl.-Wortsch. 7,417; *zur Bed. von bulla vgl. Niermeyer, Lex.*[2] *S. 142; nach Gl.-Wortsch. 7,417 'Halsring'*). rinch *bulla sperula aurea* 3,295,4 (*zur Bed. von sperula vgl. DML XVI,3155 s. v. sphaerula*). 312,11. 329,43. Stricker II,43,13. *bulla sperula* Gl 3,324,8. bulla sphaerula rinc blatere 420,73 [HD 2,488]. rinch *bullas* 4,182,47. bulla casto rinch Thies, Kölner Hs. S. 160,6.

IV. *einem Kreis, Ring oder einer Scheibe ähnliche oder ähnlich gedachte Sache:*

1) *von Sachlichem:*

a) *Mauerring, Ringwall:* ringe [*agminaque* (*Torquatus*) *interius muro breviore recepit, densius ut parva disponeret arma*] *corona* [*Lucan 6,289*] Gl 4,339,26; – *bildl. für den göttlichen Schutz:* chuninclihes ringes umpirinkter [*procul dubio munimine*] *regio septus* [*, nullatenus est ab adversariis superatus, Pass. Steph. p. 52a*] Gl 2,765,19;

b) *runde Kopfbedeckung:*

α) *Kranz:* enti hringa *sertaque* Gl 1,245,35 (*zur unklaren Herkunft von lat. que vgl. Splett, Stud. S. 361*). temo ringe [*incedunt pueri ... Omnibus in morem tonsa coma pressa*] *corona* [*Verg., A. V,556*] 2,655,40 (temo *wird als Partizipialendg. zu dem vorhergehenden tonsa gehören, vgl. Steinm. z. St.; vgl. tonsa coma; composita ... Pressa corona; i. e. galea, Serv.*);

β) *Krone, bez. auf Jesu Dornenkrone:* saztun sie imo in houbit then selbon thurninan ring ... corona thero thorno [*vgl. coronam de spinis, Marg. nach Joh. 19,2*] O 4,22,21;

γ) *Kopfband, -binde* (*zur Bed. vgl. auch Ahd. Wb. 4,1288 s. v.* houbitbant): deadema hrinc haupites chuninclihes daz andre quedant sikihelm chaisurlih *diadema vitta capitis regalis ut alia dicitur corona imperialis* Gl 1,104,22. scono gaflohtanan rinc [*tu tribus gemmis diadema pulcrum offeres Christo ... Tarraco, intexit cui Fructuosus*] *sutile vinclum* [*Prud., P. Caesaraug.* (*IV*) *24*] 2,441,43 (*das aus drei Edelsteinen bestehende Kopfband steht für die drei Märtyrer der Stadt Tarragona*);

c) *Blumengirlande:* givvntanen ringin [*est ... flos in pratis, cui nomen amello fecere agricolae ... saepe deum*] *nexis* [*ornatae*] *torquibus* [*arae, Verg., G. IV,276*] Gl 2,644,23;

d) *geflochtener Halsring, -fessel* (*vgl. dazu Erren a. a. O. S. 638*): ringun [*ubi libera colla servitio adsuerint, ipsis e*] *torquibus* [*aptos iunge pares, et coge gradum conferre iuvencos, Verg., G. III,168*] Gl 2,702,56; *bildl.:* ringa [*iniice pedem tuum in compedes illius* (*der Klugheit*), *et*] *in torques* [*illius collum tuum, Eccli. 6,25*] 1,584,25;

e) *ringförmiges oder rundes Backwerk* (*vgl. Heyne a. a. O. 2,276 f.*): rinc [*panesque azymos, et*] *crustulam* (*1 Hs. -um, 1 -a*) [*absque fermento, quae conspersa sit oleo ... facies, Ex. 29,2*] Gl 1,332,6. halstun ł rinc [*offerent panes absque fermento conspersos oleo ... et*] *collyridas* [*olei admistione conspersas, Lev. 7,12*] 342,9. colliridam (*1 Hs. -a*) rinch, *1 Hs.* colliridam panis ... dicitur prezitella, *übergeschr.* rinc ał quā nos fladonē dicimus [*zu: partitus est* (*David*) *universae multitudini Israel ... singulis*] *collyridam* [*panis unam, 2. Reg. 6,19*] 417,13. rinch [*tolle ... decem panes, et*] *crustulam* (*4 Hss. -a, 4 -as*) [*3. Reg. 14,3*] 439,50. rinc *crustula* 3,617,42; – *hierher auch* (?), *oder wie Laib als Maßangabe gebraucht* (*? Vgl. ZsfVkde. 56,26*): rinch, *1 Hs. noch* protes [*quicumque remanserit in domo tua, veniat ut ... offerat ...*] *tortam* [*panis, 1. Reg. 2,36*] Gl 1,397,25 (*2 Hss.* turtella). rinch [*praecepit ... rex Sedecias ut ... daretur ei* (*dem in Haft befindlichen Jeremias*)] *torta* [*panis quotidie, excepto pulmento, donec consumerentur omnes panes de civitate, Jer. 37,20*] 633,12 (*1 Hs. torta panis, vgl.* Davids, Bibelgl. S. 272,1066; *nach Davids 'Rundbrot'*);

f) *Ranke:* rinch *corimbata* Gl 4,138,12 (*urspr. zu der vorhergehenden Gl. corimbi circuli anuli vinearum gehörig, vgl. Steinm.; zu corymbata 'Schiff' vgl. Thes. IV,1080,83 f.; zu lat. corymbus vgl. Diefb., Gl. S. 151*[c]*, ferner Georges, Handwb.*[11] *1,1724 s. v. corymbiatus u. corymbion; nach Gl.-Wortsch. 7,416 '(Frucht-)Kranz'*);

g) *Häkchen zur Verbindung von Schlaufen* (*vgl. RGA 8,412. 583 s. v. Fibel und Fibeltracht sowie Müller, Thema Kleidung S. 456 mit Anm. 1727; nach Gl.-Wortsch. 7,418 'Öse'*): hringa [*facies et quinquaginta*] *fibulas* [*aeneas quibus iungantur ansae, ut unum ex omnibus operimentum fiat, Ex. 26,11*] Gl 1,279,43 (*Hss. -a; zur Umsetzung einer flekt. lat. Form aus dem Plur. in den Nom. Sing. bei ahd. Übers. des lat. Plur. vgl. in ders. Hs. noch* altare *ara* Gl 1,272,23, menichun *armilla* 272,24). 334,20 (*vgl.* Gl 5,90,15; *2 Hss. -e;* [*1 weitere Hs.* fibulas hringas ł fiblas uł quasi figentes bullas]). 337,41 [*, z. gl. St.* hrincas uel fiblas 5,154,17.] ringa erine *fibulas aeneas* [*ebda.*] 336,32; *zur Bed. des lat. Lemmas vgl. auch DML IV,934 f. s. v. fibula; oder alle zu* [h]ringa 1c;

h) *Vok.-Übers. von lat. orbis mit der Kontextbed. 'Auge':* ringi [*reliquit nox oculos, exsulque dies illuminat*] *orbes* [*Ar. II,225*] Gl 2,35,3.

2) *von Abstraktem:*

a) *Jahreskreis:* ringes [*benedices*] *coronae* (*1 Hs. -a*) [*anni benignitatis tuae: et campi tui replebuntur ubertate, Ps. 64,12*] Gl 1,518,55 (*zum Dat. neben späterem Akk. bei benedicere vgl. Linderbauer S. 192*);

b) *Tonbewegung, die wieder zu ihrem Ausgangspunkt zurückkehrt* (*vgl. Lex. mus. 1,505 s. v. circus*):

unde uuirt kesaligot fone organisken . daz chit sanglichen ringen . also danne ring an demo sange uuirt . so iz io uuidere eruuindet . ze dero selbun stete . dar iz anafieng *atque beare organicis circis* [*vgl. circi sunt symphoniae quae ad eandem rationem melodiae recurrunt, Rem.*] Nc 791,26 [109,15. 16];

c) *Bogen einer Erzählung:* ube der tagerod scono nefareti den first . mit temo eristen scimen ... so geuuiteroti den ring (*der Erzählung*) . tiu atahafta pagina *nisi aurora rosetis purpuraret culmina ... adhuc compararet iugata pagina ... largiorem circulum* [*vgl. largiorem circulum .i. prolixiorem ambitum fabulae, Rem.*] Nc 846,25 [170,7];

d) *wiederkehrende Reihenfolge:* in ringv [*redit agricolis labor* ...] *in orbem* [*Verg., G. II,401*] Gl 2,635,14 (*vgl. in anni circuitum, Serv.*); – *in der Verbindung* in ring *im Kreis herum, reihum:* in rinch (*7 Hss. ohne* in) [*cumque*] *in orbem* [*transissent dies convivii, Job 1,5*] Gl 1,500,11 (*zur Bed. vgl. Georges, Handwb.*[11] *2,1388; nach Gl.-Wortsch. 7,420 zu orbis 'Runde'*);

e) *Windung, Verschlingung:* ringen [(*mens*) *ita paulatim reddatur noxiis occupationibus irretitus, ut tamquam serpentinis*] *spiris* [*obstrictus numquam deinceps ad perfectionem professionis antiquae se valeat enodare, Cassian, Inst. X,6 p. 370*] Gl 2,155,30. ringa [*vipera sarmentis*] *laqueos* [*corporis implicans, Prud., Symm. I, Praef. 24*] 527,14. in ring *in spiram* [*tractu se colligit anguis, Verg., G. II,154*] 632,31 (*vgl. in spiram ... in collectionem volubilitatis: quod est a funibus tractum, Serv.*). ringin [*dicuntur geminae pestes cognomine Dirae, quas et tartaream Nox intempesta Megaeram uno eodemque tulit partu paribusque revinxit serpentum*] *spiris* [*ders., A. XII,848*] 671,36. ringin [(*die Schlangen*) *ipsum* (*Laokoon*) ... *corripiunt*] *spiris* [*-que ligant ingentibus, ebda. II,217*] 692,72 (*vgl. spiris; nodis. Unde et bases columnarum spirulas dicunt. Nam proprie spira est volubilitas funium. Inde et posteriora serpentium spirae dicuntur, quae sic involvuntur in girum, ut funes, Serv.*). ringin [*gemini ... inmensis*] *orbibus* [*angues incumbunt pelago, pariterque ad litora tendunt, ebda. 204*] 705,26; – *übertr.: Nachstellung:* ringa [*fuge callide serpens* (*sc. Teufel*), *exue te membris et*] *spiras* (*Glossen: tortitudines, vel calliditates, vel nodos, vgl. PL 59*) [*solve latentes, Prud., Apoth. 407*] Gl 2,404,39. 410,39. 457,47. 542,77; – *Glossenwort:* ringi *spiri* Gl 4,160,58 (*l. spire, Steinm.*).

3) *in der Verbindung* in ringes uuîs *ring-, kreisartig* (*vgl. Naumann, Notkers Boethius S. 112*): noh nehein ander ding nebestat in sinero naturlichun ordeno . âne daz sin ende gerertet ze sinero urrunste . unde sih in ringes uuis ketuot stata haben *nec manet ulli traditus ordo . nisi quod iunxerit ortum fini stabilemque sui fecerit orbem* [*vgl. sicut circulus de se redit in se, X*] Nb 139,20 [118,27]. souuer tiefo denchendo daz uuara guot suoche ... der ... lange ferte des muotes in ringes uuis piegende . tue sie umbe gan ... lere sin muot heime haben . daz iz anderesuuar suochet *quisquis profunda mente vestigat verum ... inflectens longos motus . cogat in orbem . animumque doceat . possidere retrusum ... quicquid extra molitur* [*vgl. in circulum, X*] 208,27 [171,9].

V. *abgegrenzter oder umgrenzter Raum:*

1) *Gebiet, Region:*

a) *Erdkreis, bewohnter Teil der Erde* (*zur Vorstellung des Erdkreises vgl. auch Ahd. Wb. 5,395 f. s. v.* kreiz): ringe [*ecclesiae gerit aurea luna figuram, quae quarto decimo ... conspicitur ... plena die, quia corpore Iesu crevit in*] *orbe* [*suo, lucem factura perennem, Ar. II,1155*] Gl 2,37,52 (*z. St. vgl. Schwind, Arator-Stud. S. 117 Anm. 90*). drohtinis geuuisse sint uuerbon erdon unde gesazta uber sie rinc *domini enim sunt cardines terrae et posuit super eos orbem* S 302,2; – (ther) [h]ring (thera) erda/erdûn/erdôno *Erdkreis:* an allero erthon fuor luit iro ... an endion ringis erthon wort iro *in omnem terram exivit sonus eorum ... in fines orbis terrae verba eorum* Pw 18,5. uualdon sal fan seuue untes te seuue ... fan fluode untes tote gemerke ringis erthono *dominabitur a mari usque ad mare ... a flumine usque ad terminos orbis terrarum* 71,8. si (*ecclesia*) ist der mons (perg) . der fone luzzelmo steine so iruuuohs . daz er orbem terrę (ring der erdo) irfulta Npgl 42,3 (Npw ertrinc). intlohchen uuerdent die cruntfesti des ringes dere erde *revelata sunt fundamenta orbis terrarum* Npw 17,16 (Np uuerlt); *ferner:* Npgl 95,10 (Np *orbis terrae*);

b) *christlicher Erdkreis:* sin (*Gottes*) sint diu fier ente dere uuerlte, an den er sazta den rinc sanctae aecclesiae, daz sin lob ubir al si *domini enim sunt cardines terrae, et posuit super eos orbem* [*vgl. quattuor plagae mundi, in quibus dilatabit orbem ecclesiae suae quae a solis ortu usque ad occasum laudat nomen eius, Beda in Sam.*] Npw Cant. Annae 8 (Np *orbis*).

2) *Seite, Platz:* so sezzit er (*Christus*) thie guate blidlichemo muate in zesuemo ringe zi themo selben thinge (*zum Jüngsten Gericht*) [*vgl. a dextris, Marg. nach Matth. 25,33*] O 5,20,56.

3) *Mitte* (*von etw.*): ringe [(*der hl. Martin*) *innoxio sibi*] *orbe* [*flammarum, orabat, Sulp. Sev., Ep. I p. 141,3*] Gl 2,750,8. Beitr. (Halle) 85,233,3.

VI. *Amphitheater, Arena:* ringes [*nec equum vesania fervida*] *circi* (*Glosse: ludi illius, vgl. PL 59*) [*auctorem levitatis habet rapidive fragoris, Prud., Ham. 361*] Gl 2,460,62. rinch [(*Loth*) *nec moenia respicit ... et*] *circum* (*Glosse: amphitheatra, vel ubi ludi exercebantur, vgl. PL 59*) [*cum plebe sua, ebda. 762*] 461,66. ringis [*ad consessum*] *caveae* (*Glosse: theatri, vgl. PL 60*) [*pudor almus ... hominum visura cruentos congressus, ders., Symm. II,1091*] 474,30 (*nach Gl.-Wortsch. 7,417 '*(*Zuschauer-*)*Kreis'*). ringis [*quid pulvis*] *caveae* (*Glosse: arenae, theatri, vgl. PL 60*) [*semper funebris et illa amphitheatralis spectacula tristia pompae? ebda. I,384*] 549,66 (*nach Gl.-Wortsch. 7,417 '*(*Zuschauer-*) *Kreis'*). ringis [*quis venit esuriens magni ad spectacula*] *circi* (*Glosse: theatri, vgl. PL 60*) [*ebda. II,948*] 550,72. ringes [*raptas ... Sabinas consessu*] *caveae* [*magnis circensibus actis addiderat* (*der kunstvoll verzierte Schild*), *Verg., A. VIII,636*] 663,55 (*vgl. cavea est ubi populus spectat, Serv.; nach Gl.-Wortsch. 7,420 'Versammlung'*). 674,16; – *meton. für das Kampfspiel in der Arena* (*?*): ringin [*raptas ... Sabinas consessu caveae magnis*] *circensibus* [*actis addiderat* (*der kunstvoll verzierte Schild*), *Verg., A. VIII,636*] Gl 2,663,56 (*vgl. circenses dicti vel a circuitu, vel quod ubi nunc metae sunt, olim gladii ponebantur, quos circumibant. Dicti ... circenses ab ensibus, circa quos currebant. Sane notandum, positos circenses, sine adiectione ludorum, cum ita dicamus ludos theatrales, ludos gladiatorios, ludos circenses, Serv.; zur Bedeutungsbest. vgl. Mlat. Wb. II,591,32; nach Gl.-Wortsch. 7,420 'Versammlung'*).

VII. *erhöhte Fläche:* rinc *podium* Gl 3,253,34 (*nach Gl.-Wortsch. 7,419 'Plattform'*). 4,87,37. 155,50. Meineke, Ahd. S. 37,328; *Gl.-Wortsch. 7,420 gibt für alle Belege als Bed. 'Umkreis' an; zur Bed. des. lat. Lemmas vgl. Sleumer S. 615.*

VIII. *Ansammlung von Menschen, Gruppe:*

1) *Menschenmenge, auch Versammlung:* rinc [*ferunt* ...] *coronam* (*Glosse: multitudinem, vgl. PL 60*) [*plebium proceresque siccis non stetisse visibus, Prud., P. Rom. (X) 709*] Gl 2,510,27 (*nach Gl.-Wortsch. 7,418 'Kreis'*). brahtun sia tho (*eine Hure*) in thaz thing, thara in mitten then ring, in mitte thie liuti, thaz man iru irdeilti [*vgl. statuerunt eam in medio, Joh. 8,3*] O 3,17,9. thanne ih (*Jesus*) ... lerta, iz thisu worolt horta; in mittemo iro ringe so sprah ih zi iro thinge [*vgl. ego semper docui in synagoga et in templo, quo omnes Iudaei conveniunt, Joh. 18,20*] 4,19,8.

2) *Heeresabteilung:* rinc [*circumfusam* ...] *coronam* [*respiciens ... clamat (Virtus): ... discedite ab armis, Prud., Psych. 604*] Gl 2,548,52 (*nach Gl.-Wortsch. 7,417 'Kreis'*). ring [*quaerunt pars aditum et scalis ascendere muros, qua rara est acies interlucetque*] *corona* [*Verg., A. IX,508*] 665,35 (*zur Bed. des lat. Lemmas vgl. Koch, Verg.-Wb. S. 71, vgl. auch Georges, Handwb.*[11] *2,373 s. v. interluceo; nach Gl.-Wortsch. 7,417 'Kranz'*).

3) *Rats- oder Gerichtsversammlung:* Georio fuor ze malo mit mikilemo herigo ... Fuor er ze demo rin*he* (*Ausg.* ringe), ze heuigemo dinge S 94,3. leittun sie nan (*den geheilten Blinden*) ubar thaz, thar thaz heroti was, thara zi themo thinge, zi thero furistono ringe [*vgl. adducunt eum ad Pharisaeos, Marg. nach Joh. 9,12*] O 3,20,54. thara zi themo ringe joh zi themo selben thinge (*der Bischöfe u. Pharisäer*) quam mihil woroltmenigi then hereston ingegini [*vgl. collegerunt ergo pontifices et Pharisaei concilium, Joh. 11,47*] 25,3.

4) *Glossenwort:* ze demu *h*ringe *ad congreg*[*ationem*] Gl 3,8,5 (*zur Textergänzung vgl. Steinm. z. St.; unter Gll. zu Aldh.*).

IX. *Alkannawurzel, auch Ochsenzunge, Alkanna tinctoria Tausch* (*vgl. Marzell, Wb. 1,193*): ring, *dazu am Rand* ancusa ringla [*zu:*] *anchusa* [*, cuius radix contrita digitos inficit, Is., Et. XVII,9,69*] Beitr. 73,247,34 (*zur Bed. des lat. Lemmas vgl. Thes. II,26,65 ff.*).

X. *Glossenwort:* rinc [*masculina, ut hic fustis ... unguis ... follis* ...] *torquis* [*Alc., Gr. p. 865*] Gl 2,7,26. rinc *circus ł ciclus* 3,219,12. 226,21. 314,7 (*1 Hs. noch circulus*). Hbr. II,108,59. *circus ł circulus ł clicus* Gl 3,268,49. 296,50. 331,32. *corona* 496,3 (*in einem Heilmittelglossar; nach Gl.-Wortsch. 7,417 'Kranz'*). *torquis* 4,103,36 (*auch -es*). Beitr. 73,222,17. *circus* Gl 4,184,6. Thies, Kölner Hs. S. 163,4. *circus* rinch inde circulus arcum praepositio Mayer, Glossen S. 121,4.

Komp. brôt-, erd(a)-, gold-, hals-, himil-, jâr-, ôr-, oug-, ?silabar-, umbi-, uueralt[h]ring, ?hegihring *as.*; *Abl.* [h]ringila, [h]ringilî(n), [h]ringilo, [h]ringo; [h]ringodi *as.*; [h]ringen, [h]ringôn; *vgl.* [h]ringa, gi-[h]ringôt.

[Woitkowitz]

ring° Gl 2,385,35 s. grînan.

gi-**ring** *st. m. oder n., mhd.* gerinc *m. n.* (*vgl. auch Findebuch S. 128*). – *Graff II,530.*

ge-rinc: *acc. sg.* Gl 2,145,65 (*Frankf. 64, 9. Jh.*).

Ringen, Kampf (*um die Glaubensverbreitung*): gerinc [*presbyteros immolantes, et iterum*] *luctamen* [*adeuntes, Conc. Anc. XXI p. 119*]; *z. St. vgl. von Hefele 1,222.*

[h]ringa, [h]rinka (*sw. st.?*) *f., mhd.* rinke, ringge *sw. st. f., sw. m., nhd.* rinke *m. f.; as.* hringa *sw. f., mnd.* rinke; *ae.* hringe *sw. f.* (*vgl. Bosw.-T., Suppl. S. 567*); *an.* hringja *sw. f.* – *Graff IV,1169.*

hringa: *nom. sg.* Gl 2,719,4 = Wa 114,7 (*Jh*). – **ringa:** *nom. sg.* Gl 2,577,63 Anm. 16 = Wa 92,32 Anm. 5 (*Düsseld. F. 1, Gll. 10. Jh.; Gl. rad.*). 670,11. 674,46 (2 *Hss.*). 697,68. 708,34 (*Paris Lat. 9344, Gll. 10./11. u. 11. Jh.; lat. Abl.;* -a *steht nicht für ein st. Fem. im Dat. Sing., da in dieser Hs. dafür sonst* -u, *vgl.* Gl 2,710,41. 713,53. 714,27; *auch nicht zu* [h]ring *st. m., da in dieser Hs. sonst* -e, *vgl.* Gl 2,711,28. 713,34; *zur Wiedergabe flektierter lat. Formen durch den Nom. im Ahd. vgl. in ders. Hs. z. B. noch* Gl 2,699,57. 709,4). 3,216,44 (*SH B; oder zu* [h]ring, *so Ahd. Gl.-Wb. S. 485, dann nom. pl.; lat. nom. sg.*).

rinca: *nom. sg.* Gl 2,487,53 (*Sg 134, Gll. 10. Jh.;* r- *aus* s *korr.; lat. Abl.;* -a *steht nicht für ein st. Fem. im Dat. Sing., da in dieser Hs. sonst* -o, *vgl.* Gl 2,486,19. 488,64. 68. 489,1; *auch nicht zu* [h]ring *st. m., da in dieser Hs. dafür sonst* -e, *vgl.* Gl 2,486,9. 24. 488,45. 70; *zur Wiedergabe einer flekt. lat. Form durch einen Nom. im Ahd. in dieser Hs. vgl. noch* Gl 2,486,15. 487,43). 5,38,15. Hbr. I,252,308 (*SH A*). 323,100 (*SH A;* -k-).

[*Ae. bzw. auf ae. Vorlage beruhend* (*vgl. Leydecker S. 31 bzw. S. 42*): **hringan:** *acc. pl.* Gl 1,335,3 (*Paris Lat. 2685, 9. Jh.; zur Endg.* -an *vgl. jedoch auch Franck, Afrk. Gr.*[2] *§ 148 u. Gallée, As. Gr.*[3] *§ 335 Anm. 5*); **ringā:** *acc. sg.* 375,16 (*Paris Lat. 2685, 9. Jh.*); *nach As. Hwb. S. 182 beide Gll. as.; dazu u. zur as. Überarbeitung der Hs. vgl. Klein, Stud. S. 195 u. Schreiber, Glossen S. 66 f. 217. 229.* – *Verschrieben:* **hyingan:** *acc. sg.* Gl 1,375,15 (*vgl.* CCCM 189 B, 155,25, *s. dazu auch Leydecker S. 42 Anm. 5; Carlsr. Aug. CXXXV, 9. Jh.;* hringan, *Steinm.*).]

hringa Gl 1,279,43; ringa ebda. 334,20. 336,32. 5,90,15; hringas ebda; hrincas 154,17 s. [h]ring.

1) *Verschluß, Spange, Schnalle, Fibel:*

a) *am Gewand:* rinca [*rex ipse* (*aus Ninive*) ... *laenam revulsa dissipabat*] *fibula* [*Prud., H. ieiun. (VII) 157*] Gl 2,487,53. nuscil vel rinka *fibula* Hbr. I,323,100 (*im Abschn. De palliis virorum*);

b) *an einem Gürtel oder Tragegurt:* [hringan gyrdisles [*vidi enim inter spolia pallium coccineum valde bonum* ...] *regulam* [*-que*] *auream* [*quinquaginta siclorum, Jos. 7,21*] Gl 1,375,15 (*zur sonst üblichen Bed. 'Stab, Schieber' vgl. Georges, Handwb.*[11] *2,2285 s. v. regula; oder hat der Glossator an mlat. legula bzw. ligula 'Spange, Schließe' gedacht (?), vgl. hierzu Steinm. Anm. z. St. u. DML 5,1582*[b] *u. 1611*[c]*; vgl. noch lat. recula 'kleiner Gegenstand', DML 13,2691*[b]).] ringa [*ad medium* (*des Körpers des Kämpfers*), *teritur qua sutilis alvo balteus et laterum iuncturas*] *fibula* [*mordet, Verg., A. XII,274*] 2,670,11. 719,4 = Wa 114,7, *z. gl. St.* lebeleia ringa 674,46. gi*rinc*ta ringa [*quam* (*pharetram*) *circum amplectitur auro balteus et tereti*] *subnectit fibula* [*gemma, ebda. V,313*] 697,68 (*vgl. noch* Gl 2,708,34 *unter* 2a);

[**c)** *als Mittel der Verbindung* (*für die Überdecken am Dach der Stiftshütte*): hringan [*facies et quinquaginta*] *fibulas* [*aeneas quibus iungantur ansae, ut unum ex omnibus operimentum fiat, Ex. 26,11*] Gl 1,335,3;]

d) *ohne bestimmbaren Verwendungszweck:* rinca *renda* Gl 5,38,15 (*vgl. Duc. VI,123*[a] *s. v. renda 'ca-*

put baltei'; zum Gebrauch von renda als Synonym zu lat. fibula vgl. Diefb., Gl. S. 492[a]*). bibula (verschr. für fibula?)* Hbr. I,252,308 (*im Abschn. De ferramentis*).

2) *Kugel, Kugelförmiges (?):*

a) *als Gl. zu lat. gemma, im Kontext 'Edelstein (an einer Fibel)', vielleicht urspr. zu vorausgehendem fibula gehörig u. dann zu* 1b (*?*)*:* lauileia ringa [*quam (pharetram) circum amplectitur auro balteus et tereti subnectit*] *fibula gemma* [*Verg., A. V,313*] Gl 2,708,34 (*zur Rundform des oberen Schmuckteils einer Spange vgl. RGA 8,412 s. v. Fibel und Fibeltracht; zu lat. gemma 'Knopf, Kugel u. a.' vgl. Mlat. Wb. IV,646,37 ff.; zur Annahme einer zweiten Glossierung von lat. fibula vgl.* Gl 2,674,46 *unter* 1b; *zur möglichen Gll.-Verschiebung vgl. noch* Gl 2,697,68 *unter* 1b (*?*)*, so auch Gl.-Wortsch. 7,421*);

b) *als radierte u. überschriebene Gl. zu lat. sphaera 'Himmelssphäre':* sciva, *auf Rasur von* ringa [*cuius (Gottes) ad arbitrium*] *sphera* [*mobilis atque rotunda volvatur serventque suos vaga sidera cursus, Prud., Apoth. 210*] Gl 2,577,63 Anm. 16 = Wa 92,32 Anm. 5 (*nach Gl.-Wortsch. 7,421 'Kreis'*).

3) *Ring* (*? Zur Übernahme dieser Bed. von* [h]ring *im Frühnhd. vgl. DWb. VIII,1017*)*:* ringa *orbis* Gl 3,216,44 (*im Abschn. De instrumentis equorum; oder Plur., dann zu* [h]ring).

Vgl. [h]ring.

ringa *sw. f. – Graff II,529 f.*

ring-: *nom. sg.* **-a** Nb 128,28 [111,10]. Nc 831,19 [152,4/5]; *dat. sg.* **-un** Np 42,2; *acc. sg.* **-ûn** Nb 323,7 [245,14]; *gen. pl.* **-ono** Gl 2,208,30; *dat. pl.* **-on** Np 106,12; **-en** Npw ebda.

1) *Kampf zwischen Gegnern:*

a) *Ringkampf zwischen Menschen:* ringono [*gravis ... praedicatori labor est, in communis praedicationis voce ...*] *palaestrarum* [*more in diversi lateris arte se vertere, Greg., Cura 3,37 p. 97*] Gl 2,208,30;

b) (*innerer*) *Kampf, (Wider-)Streit zwischen körperlichen Vorgängen, Gefühlen, geistigen Gegebenheiten:* uuer got habet kegeben solicha ringun zuein (*sc. dem Vorauswissen Gottes u. der menschlichen Willensfreiheit*) uuaren? *o deus quis statuit tanta bella duobus veris?* Nb 323,7 [245,14]. uuanda Uenerius humor (*sc. Samenflüssigkeit*) beidiu chumet pudice ioh impudice . be diu ist under in zuein solih ringa . daz iouuederer den anderen stillet Nc 831,19 [152,4/5] (*z. St. vgl.* meistrun allero chiuski ... muoter ... allero uuunnolibi ... zuo Ueneres sint . einiu pudica anderiu inpudica Nc 760,9 ff.; *vgl. noch Glauch, Mart. Capella S. 159 Anm. 100*). vuanda sie ... uuidersprachen gotes uuort unde sinen uuillen ... iro herza be diu genideret uuard in ringon . die sie aduersvs concupiscentias in gemeitun habeton *humiliatum est in laboribus cor eorum* [*vgl. pugna contra concupiscentiam, Aug., En.*] NpNpw 106,12. malus amor malus timor gruozzent mih . uuider dien ringo ih . in dero ringun bin ih unfro Np 42,2.

2) *Anstrengung:* die sorga in (*den Menschen*) recchet . unde reizet . manigfaltiu ringa unde manigfalter fliz *omnis cura mortalium . quam exercet labor multiplicium studiorum* Nb 128,28 [111,10].

ringan *st. v., mhd. nhd.* ringen; *as.* hringan (*? Zu unsicherem* h- *s. u.* Gl 2,242,33 *u.* samantringan), *mnd. mnl.* ringen; *vgl. mnd.* wringen (*vgl. Schiller-Lübben 5,781 f.*), *mnl.* wringen, *ae.* wringan (*alle in anderer Bed.*), *vgl. auch nd. dial. westf.* sik vrangen *Woeste S. 308; zu einem Ansatz* hr- *u. zur Abtrennung der* wr-*Formen vgl. Pfeifer, Et. Wb.*[2] *S. 1129 f. 1581 (anders Seebold, Starke Verben S. 570 u. Kluge, Et. Wb.*[25] *S. 768. 996). – Graff II,528 f.*

Praes.: **rink-:** *3. sg.* **-it** Gl 1,76,3 (*K*); *part.* **-anti** AJPh. 55,231 (*clm 6293, Gll. 10. Jh.* (*?*)*; nach Ahd. Gl.-Wb. S. 486 u. Splett, Ahd. Wb. I,2,751 f. dagegen* ringantî *st. f., s.* 1aβ). – **ring-:** *1. sg.* **-o** Gl 2,242,33 = Wa 82,6. NpNpw 42,2; **-e** Gl 3,279,3 (*SH b*); *2. sg.* **-est** Np 75,4; *3. sg.* **-it** Gl 1,76,3 (*Pa*). 77,3 (*R; -g- auf Rasur von* k, *vgl. Splett, Sam.-Stud. S. 11*). Oh 73; **-et** Nb 324,2 [246,3]. Ni 505,24 [11,8]. NpNpw 30,10. 118 A,3; *1. pl.* **-ên** Nb 40,12/13 [32,25]; *3. pl.* **-ent** Gl 2,649,60 (-t *von zweiter Hand*). Nb 130,4. 137,13. 224,4. 295,7. 327,25 [112,5. 117,5. 180,24/25. 226,3. 248,22]. Ni 515,5. 539,9. 564,6 [22,10. 50,26. 78,17]; **-int** Ns 608,8. 10 [284,18. 285,1]; *1. sg. conj.* **-e** Nb 316,9 [240,22]; *3. sg. conj.* **-e** O 1,1,81. 5,20,48. Nb 81,28 [70,25]; *1. pl. conj.* **-en** O 3,25,20; *2. pl. conj.* **-et** 5,16,44; *inf.* **-en** Nb 52,6. 265,22. 314,21 [42,29. 207,15. 239,21]; *gen. sg.* **-ennes** 248,15 [197,4]; *dat. sg.* **-enne** Nc 695,17. 772,16 [10,4. 89,1]; *part. nom. sg. m.* **-ander** Gl 2,703,8; *nom. sg. f.* **-endiu** Nc 831,16 [152,2]; **-enta** Nb 211,13 [172,26]; *dat. pl.* **-intên** Ns 610,8 [288,8]; *acc. pl. m.* **-entun** Gl 2,634,34; **-enten** Nc 689,13 [3,16].

Praet.: **rang:** *3. sg.* Gl 1,313,60 (*fragm. S. Paul, 9. Jh.*). Thoma, Glossen S. 13,23. Nb 224,2 [180,23].

rung-: *2. sg.* **-e:** Np 75,4; 3. *pl.* **-en** NpNpXNpw 119,6 (*Hs. R;* -v- *X = S.* XIII,13, *vgl. dazu Korr.* K.-T. 10,485a,10).

Part. Praet.: **ki-rungan:** Gl 4,11,35 (*Jc*).

Mit etymol. unberechtigtem h-: **hringanten:** *part. prs. acc. sg. m.* Gl 2,742,42 (*clm 14747, 9. Jh.; zu irrigem* h- *im Bairischen vgl. Schatz, Ahd. Gr. § 238 S. 160, zu* -en *vgl. a. a. O. § 381*).

Verschrieben (*?*)*:* **rigant:** *3. pl. prs.?* Gl 1,76,3 (*Ra; zu* -g- *für* ng *vgl. Braune, Ahd. Gr.*[16] *§ 128 Anm. 3a; nach Splett, Stud. S. 137 eher* ringanti *part. prs., s.* 1aγ).

1) *gegeneinander kämpfen, miteinander ringen:*

a) *mit körperlicher Kraft gegen jmdn./mit jmdm. kämpfen:*

α) *mit Angabe des Gegners: durch* uuidar + *Dat. d. Pers.:* nist liut, thaz es biginne, thaz widar in (*die Franken*) ringe O 1,1,81. wanent sie (*die Römer*) ..., thaz wir (*die Juden*) then urheiz datin, joh wir thes biginnen, thaz widar in ringen 3,25,20; – *Glossen:* rang [*vir*] *luctabatur* [*cum eo (Jakob), Gen. 32,24*] Gl 1,313,60. Thoma, Glossen S. 13,23. hringanten uuidaruuinnante*n* [*(Jesus) mortem quoque ad se venire permisit: ut eam adversum se*] *luctantem* (*Hs. conluctantem*) [*prosterneret, Pass. Caec. 336,20*] Gl 2,742,42 (*vom Ringen des Todes mit Jesus*);

β) *ohne Angabe des Gegners:* fermahta er (*der Teilnehmer an der Olympiade*) sih ringennes . so hiez er Grece palestricator Nb 248,15 [197,4]. sin (*des Cyllenius*) lichamo an demo ringenne ... geuopter *corpus exercitum palaestra* [*vgl. Graece luctatio, Rem.*] Nc 695,17 [10,4]; *ferner:* 772,16 [89,1]; – *hierher auch* (*?*)*, Glosse:* rinkanti uuesan [*cumque hoc*] *luctamen esset* [*, ut hunc (den in einer Vision gesehenen Verstorbenen) boni spiritus sursum, mali deorsum traherent, Greg., Dial. 4,36, PL 77,385B*] AJPh. 55,231 (*vgl.* Schulte, Gregor S. 205,113); *wurde statt luctamen (einschließlich esset (?), so Schulte a. a. O. S. 206) luctari übers. u. durch einen substant. Inf. wiedergegeben? Zur Wiedergabe von Infiniti-*